Awdur Hen Wlad Fy Nhadau
Cerddi Evan James

The Author of Our Anthem
Poems by Evan James

D1341298

Cofeb drawiadol W. Goscombe John yn cyfleu uniad yr Alaw a'r Awen ym Mharc Ynysangharad

W. Goscombe John's striking Memorial, depicting the fusion of the Song and the Muse, in Ynysangharad Park

Penddelw o Evan James yn ei henaint – neu hwyrach o James James. Sydd ym meddiant y delynores enwog Ann Griffiths

A bust of Evan James in later life – or possibly of James James. Owned by the distinguished harpist Ann Griffiths

Awdur Hen Wlad Fy Nhadau
Cerddi Evan James

The Author of Our Anthem
Poems by Evan James

Gwyn Griffiths

To
Michelle,
best wishes and
good luck

Gwyn Griffiths

Argraffiad cyntaf: 2009

Mae'r cyhoeddwr yn cydnabod cefnogaeth ariannol
Cyngor Llyfrau Cymru

Cyhoeddwyd gan Wasg Carreg Gwalch,
12 Iard yr Orsaf, Llanrwst, Conwy, LL26 0EH.
Ffôn: 01492 642031 Ffacs: 01492 641502
e-bost: llyfrau@carreg-gwalch.com
lle ar y we: www.carreg-gwalch.com

Argraffwyd a chyhoeddwyd yng Nghymru.

I
Cadi Grug

Cynnwys

Contents

Cynnwys

Contents

Sociological and Industrial Poems

Cynnwys

Contents

Family Poems

Love Poems

Humorous Poems

Cynnwys

Contents

Poems by Evan's Brothers

Poems written to Evan James

Rhagair

Fel rhan o ddathliadau canmlwyddiant a hanner cyfansoddi *Hen Wlad Fy Nhadau* ym Mhontypridd yn 2006 ysgrifennais gyfrol fechan, *Gwlad Fy Nhadau*, yn olrhain hanes ein hanthem genedlaethol. Gwaith a gyflawnwyd mewn rhy fyr o amser. Yn ystod fy ymchwil darganfûm yn fuan fod Evan James (Ieuan ab Iago), awdur y geiriau, yn fardd toreithiog yn y mesurau caeth a rhydd. Eto ryw hanner dwsin o'i gerddi a welodd olau dydd mewn na chyfrol na chylchgrawn yn ystod ei oes ac wedi hynny. Llwyddais i gynnwys rhai o'i gerddi yn y gyfrol honno ond oherwydd prinder gofod bychan oedd y detholiad.

Eleni, ar achlysur dathlu dau canmlwyddiant geni awdur geiriau ein hanthem, penderfynwyd fod hwn yn gyfle i fanteisio ar yr amser a'r cyfle i fwrw golwg fanylach ar ei waith a chyhoeddi casgliad llawnach o'i farddoniaeth.

Dysgodd profiad i mi mai un ffordd effeithiol o wneud ymchwil yw cyhoeddi'r hyn sydd gennych. Gallwch fentro y daw pobl atoch wedyn a dweud, '. . . trueni na fuaswn i'n gwybod dy fod yn sgrifennu'r llyfr yna oherwydd mae gen i wybodaeth allasai fod o ddiddordeb . . .' Rhydd y gyfrol hon gyfle i ddefnyddio rhywfaint o'r wybodaeth a ddaeth i law yn sgîl cyhoeddi *Gwlad Fy Nhadau*.

Nid wyf am ailadrodd gwahanol fersiynau o stori geni *Hen Wlad Fy Nhadau* na hanes cyfraniad y mab James James (Iago ab Ieuan) cyfansoddwr yr alaw – mae hynny i gyd yn y gyfrol flaenorol. Yr hyn a geir yma yw mwy am y dyn Evan James, a'i syniadau, oherwydd yr oedd yn ddyn arbennig ddiddorol, un o'r bobl od hynny ddaeth i fyw i Bontypridd yn y bedwaredd ganrif ar bymtheg, dyn gwahanol iawn i'r rhelyw o Gymry gwlatgar ei gyfnod.

Diolch i Amgueddfa Pontypridd a'r curadur Brian Davies am y cais a'r anogaeth i fwrw ymlaen gyda'r gwaith ac i Wasg Carreg Gwalch am gytuno i gyhoeddi'r gyfrol. Mae arnaf ddyled i Mr Huw Walters o'r Llyfrgell Genedlaethol, Mr Hywel Matthews o Lyfrgell Pontypridd a'r Prifardd Cyril Jones am lawer cyngor doeth a sgwrs fuddiol yn ystod yr ymchwilio ac i Gwen, fy ngwraig, am dreulio oriau lawer gyda mi yn copïo cerddi Evan James.

Preface

My contribution to the 150th anniversary celebrations of the birth of our National Anthem, Hen Wlad Fy Nhadau, in 2006 was a little book called Land Of My Fathers. It was a work completed in some haste. In the course of my researches I discovered that Evan James (Ieuan ab Iago), the author of the words, was a prolific poet skilled in the traditional metres of Welsh poetry as well as a writer of many poems to be sung to the popular tunes of his time. Yet only a handful of his works ever appeared in print during, or for that matter after, his life. I included a few of his poems in the Welsh version of my book, Gwlad Fy Nhadau, and some translations in Land Of My Fathers, but space was at a premium and the selection not comprehensive.

This year, we celebrate the 200th anniversary of the poet's birth, and it seemed opportune to take a closer look at his work and publish a more representative collection of his poetry.

Experience has taught me that publishing is an effective way of continuing a line of research. Someone will always tell you '. . . pity I didn't know you were writing that book, I have some information which you may have found useful . . .' This book gives me the opportunity to take advantage of information that came my way following the publication of Gwlad Fy Nhadau and Land Of My Fathers.

I shall not repeat the various versions and debates regarding the composition of Hen Wlad Fy Nhadau and the work of his son James James (Iago ab Ieuan), the harpist who composed the music. This is Evan's turn, and the Introduction will, I trust, present some new information about Evan James the man, his work and ideas. He was one of many eccentric characters attracted from all over Wales to 19th century Pontypridd, a man very different to our impression of the archetypal, patriotic Welshman of the time.

I would like to thank Pontypridd Museum and its curator, Mr Brian Davies, for his support and to Gwasg Carreg Gwalch for agreeing to publish this book. I am indebted to Mr Huw Walters of the National Library in Aberystwyth, Mr Hywel Matthews of Pontypridd Library and Mr Cyril Jones of the University of Glamorgan for sharing knowledge and thoughts with me during

Codwyd y mwyafrif o'r cerddi o Lawysgrifau Evan James yn y Llyfrgell Genedlaethol. Yn achos cerddi y deuthum o hyd iddynt mewn mannau eraill, nodir hynny ar waelod y gerdd.

Mae'r gyfrol hefyd yn cynnwys detholiad bychan o rai o'r alawon y sgrifennodd Evan James eiriau iddynt. Diolch i'r Dr Meredydd Evans a Phyllis Kinney ac i Dafydd Idris am fy helpu i ddod o hyd i'r alawon hyn. A diolch arbennig iawn i Llinos a Robert Swain, Llantrisant, am drefnu'r gerddoriaeth. Mawr yw fy nyled iddynt.

Er hwyluso pethau i'r darllenydd bûm yn ddigon hy i foderneiddio orgraff y cerddi. Rwyn derbyn fod hyn yn bwnc dadleuol. Nid yw'n adlewyrchiad o feistrolaeth Evan James o'r Gymraeg, ddegawdau wedyn daeth Syr John Morris Jones gan osod y safonau cyfoes. Mae nifer o'r cerddi, hefyd, yn cynnwys geiriau nad ydynt yn arferedig heddiw – hyderaf y bydd y cyfieithiadau Saesneg o gymorth yn hyn o beth.

Gwyn Griffiths
Pontypridd (2009)

the course of my researches. Also, to my wife Gwen, who spent many hours with me deciphering and copying the handwriting of Evan, and his son, James.

The majority of the poems come from the Evan James Manuscripts at the National Library. When a poem is from another source, this is noted.

This book also contains a selection of airs for which Evan James wrote words. My thanks to Dr Meredydd Evans and Phyllis Kinney and to Dafydd Idris for helping me to locate some of these airs. And my special thanks to Llinos and Robert Swain, Llantrisant, for arranging the music. I am very much in their debt.

To ease matters for readers of Welsh I have taken the liberty of modernising Evan James's orthography. I accept that this is a controversial issue. It is no reflection on Evan James or his knowledge of the Welsh language; it was not until many decades after his time that Sir John Morris Jones set down the modern standards. Poems also include archaic words, where this causes difficulty for Welsh readers I would refer them to the English translations.

Gwyn Griffiths
Pontypridd (2009)

Rhagymadrodd

'Ni wn am dref arall lle ceid cymaint o firi eisteddfodol a gorseddol nac am un gymdogaeth lle yr oedd mwy o fri ar glybiau barddol yn y tafarndai.' Dyna sgrifennodd Griffith John Williams wrth feirniadu cystadleuaeth traethawd ar *Bywyd Llenyddol Pontypridd a'r Cylch yn y Bedwaredd Ganrif ar Bymtheg* yn Eisteddfod Genedlaethol Aberpennar, 1946. Aeth rhagddo i ddweud fod 'pobol od yn tyrru i Bontypridd o bob rhan o Gymru'.

Un o'r bobol od hynny – ni fuasai ei alw'n ddyn od yn gam o gwbl ag ef – oedd Evan James (Ieuan ab Iago) awdur ein hanthem genedlaethol *Hen Wlad Fy Nhadau*. Bellach, gyda Phontypridd y cysylltir ei enw – ym Mharc Ynysangharad y mae'r gofeb iddo ef a'i fab, James James (Iago ab Ieuan), cyfansoddwr yr alaw, ac wrth droed y gofeb honno y gorwedd gweddillion Evan a'i wraig Elizabeth. Ar fur un o adeiladau'r Cyngor ymhen arall y dref, ar lan afon Rhondda, ceir llechen yn nodi safle'r ffatri wlân oedd yn weithdy a chartref y Jamesiaid pan gyfansoddwyd yr anthem ym 1856. Bum munud o gerdded fyny'r ffordd oddi yno, eto ar lan afon Rhondda, saif Ysgol Gymraeg Evan James, cofeb deilwng arall i'r bardd/wehydd. Ysgol â'i harwyddair yn dod o eiriau olaf yr anthem – 'O bydded i'r heniaeth barhau!'

Er hynny, nid gŵr o Bontypridd oedd Evan James, ac nid yno y ganed James James, yr enwocaf o'i blant. Yr oedd Evan James yn 38 oed pan ddaeth â'i deulu i Bontypridd lle treuliodd 31 mlynedd olaf ei fywyd, yn ŵr diymhongar uchel ei barch na ddymunai amlygrwydd cyhoeddus, ond brwd dros fuddiannau ei dref fabwysiedig. Tystiai cofnod y *Pontypridd Herald*, Hydref 5ed, 1878, am ei farw fod ganddo gylch eang o edmygwyr y tu hwnt yn ogystal ag o fewn Pontypridd, nid yn unig oherwydd eu ddoniau llenyddol, ond oherwydd dycnwch ac unplygrwydd ei rinweddau fel cyflogwr, dinesydd a gŵr cyfiawn.

Evan James oedd y degfed o 14 o blant a anwyd i Evan ac Elizabeth James – bu farw tri yn eu babandod. Hydref 14eg, 1809, oedd y dydd, a nodir plwyf Eglwysilan fel man ei eni. Yr oedd Eglwysian yn blwyf enfawr bryd hynny, yn ymestyn o Ystrad Mynach yn y gogledd i'r Eglwys Newydd, ar gyrion

Introduction

'I know of no other town with such eisteddfodic and druidic enthusiasm nor a community where the poetry clubs in the public houses were held in greater honour.' So said Griffith John Williams, later Professor of Welsh at the University of Wales, Cardiff, when adjudicating an essay competition on The Literary Life of Pontypridd and District in the 19th Century at the 1946 Mountain Ash National Eisteddfod. He added: 'eccentrics from all over Wales flocked to the town.'

One of those eccentrics – to describe him as such does him no dishonour – was Evan James (Ieuan ab Iago) author of the words of our National Anthem, Hen Wlad Fy Nhadau. His name is for ever linked to Pontypridd. He and his son, James James, composer of the music, are remembered in Ynysangharad Park, and it is at the foot of Sir William Goscombe John's memorial that Evan's remains, and those of his wife, Elizabeth, now rest. On the wall of one of the council buildings, on the banks of the Rhondda at the other end of the town, is a plaque to remind us that here once stood the woollen factory, the workshop and home to the James family when the anthem was composed in 1856. A five-minute walk up the road, on the banks of the same river, is Ysgol Gymraeg Evan James, another fitting tribute to the weaver and poet, with its motto taken from the last line of the anthem – 'O bydded i'r heniaith barhau' (May the old language endure).

Yet, Evan James was not a man of Pontypridd, nor was the most celebrated of his children born there. Evan was 38 when he brought his family to the town where he spent the last 31 years of his life, a modest man well-respected who never sought public prominence, but enthusiastic for the development of his adopted town. In its report of his death, the Pontypridd Herald, October 5, 1878, noted that he had a 'wide circle of sincere admirers outside as well as within Pontypridd . . . not only of his literary talents, but for his sterling and honest qualities as an employer, a citizen and an upright and just man.'

Evan was the 10th of 14 children born to Evan and Elizabeth James – three of whom died in infancy. He was born on October 14, 1809, and the Parish of Eglwysilan noted as the place of his birth. Eglwysilan was a large parish at the time, stretching from

Caerdydd, yn y de. Mae ystadegau cyfrifiad 1851 yn fwy manwl, a nodir Caerffili fel man ei eni. Y tebygrwydd yw mai mewn bwthyn o'r enw Bryngolau, 11 Castle Street, bwthyn yn ochr hen dafarn y Castle y bu hynny. Saif Neuadd y Gweithwyr ar y safle heddiw.

Cafodd yr un enw a'i dad, a gwyddom i'r Evan James hwnnw hefyd gael ei eni ym mhlwyf Eglwysilan – Caerffili eto yn ôl pob tebyg. Yr oedd yn berchen melin wlân – melin a sefydlwyd yn y dref gan ei dad yntau ym 1750. Yr oedd Evan James y tad yn briod ag Elizabeth Stradling, hithau o Gaerffili. Ceir awgrym ei bod hi'n llinach Stradlingiaid San Dunwyd, teulu bonheddig a ymfalchïent mewn traddodiad hir o noddi beirdd a'r diwylliant Cymraeg. Gall hyn fod yn wir; yr oedd yr olaf o'r Stradlingiaid wedi ymadael â San Dunwyd ym 1755, a'u disgynyddion wedi'u gwasgaru hyd amryw leoedd yn y De a thuhwnt – yn eu plith Y Rhath (Caerdydd), Llanilltud Fawr a'r Gelli-gaer.

Pwy ŵyr nad oedd rhywfaint o anian diwylliedig yr hen deulu hwnnw wedi treiddio i lawr i'r plant. Mae cerddi Evan yn tystio fod ei dad hefyd yn ŵr o ddysg a diwylliant. Cawn gerddi ganddo'n canmol ei fagwraeth a'r anogaeth a gafodd gan ei dad i farddoni. Gwyddom fod o leiaf dri, os nad pedwar, o'i frodyr yn feirdd. Tystia Evan mewn un gerdd i'w dad fod yn athro Ysgol Sul gydol ei oes, er nad oedd Evan ei hun fawr o gapelwr. Cawn gerddi gan Evan a'i frawd Thomas (Tomos ab Iago) yn canmol dylanwad yr Ysgol Sul fel sefydliad addysgiadol, crefyddol a moesol. Yr ydym wedi anghofio beth yn union oedd swyddogaethYsgolion Sul yn yr amser a fu. Yr oedd R. T. Jenkins ym 1938 yn cyfeirio'n meddyliau'n ôl 120 o flynyddoedd ac yn dweud '. . . nad moddion o ras, na rhan o'r addoliad Sabothol, oedd (yr Ysgol Sul), ond *ysgol* i ddysgu darllen a honno'n cael ei chynnal ar y Sul . . . ysgol a gynhelid ar y Sul, ac nid ar ddydd gwaith.' Cyfeiriodd Ap Vychan atynt fel 'ffordd *respectable* o dorri'r Saboth'. Tynnodd fy ngwraig, sy'n ymchwilio i hanes crochendy Nantgarw, fy sylw at Gyfrifiadau yng nghanol y bedwaredd ganrif ar bymtheg lle ceir plant a phobl hŷn yn cyfeirio atynt eu hunain gydag awgrym o falchder fel, *'boatman and Sunday Scholar'*. Tebyg i'r Ysgol Sul wneud cyfraniad pwysig i addysg Evan James.

Erbyn 1813 yr oedd y teulu wedi symud o Gaerffili i'r Ancient Druid Inn – tafarn, melin wlân a rhês o fythynnod - ar

Y plac ar fur Neuadd y Gweithwyr yng nghanol tref Caerffili. Ger y fan hon y safai Bryngolau, y tŷ lle ganed Evan James

The plaque on the wall of the Workmen's Hall in Caerphilly town centre. Bryngolau, the birthplace of Evan James, once stood near this place

Llun pen ac inc o ffatri Evan James ym Mhonypridd a gyhoeddwyd yn The Graphic, Awst 5, 1893

A pen and ink sketch of Evan James's woollen mill and factory published in The Graphic, August 5, 1893

Pont reilffordd Brunel, afon Rhondda a'r rhes o dai yn Heolyfelin a'u cefnau at yr afon oddeutu 1860. Ffatri Evan James yw'r adeilad cyntaf neu'r ail ar y dde. Yr arlunydd oedd W. Colwinston John

Brunel's railway bridge, the river Rhondda and the houses in Mill Street backing on to the river around 1860. Evan James's factory is either the first or second building from the left. The artist was W. Colwinston John

Y llechen ar un o Swyddfeydd y Cyngor sy'n nodi'r fan lle unwaith safai ffatri a chartref Evan James yn Heolyfelin, Pontypridd

The present plaque on one of the Council Offices indicating where the factory and the home of Evan James once stood in Mill Street, Pontypridd

Ystrad Mynach in the north to Whitchurch, now a suburb of Cardiff, in the south. The 1851 census details for Pontypridd are more precise, stating that he was born in Caerphilly. His birthplace appears to have been a cottage named Bryngolau, 11 Castle Street, and attached to the Castle Hotel that was demolished in the 1970s. The Workmen's Hall stands on the site today.

He was named after his father, also born in the Parish of Eglwysilan – no doubt he, too, was born in Caerphilly. He owned a woollen factory established by his father, back in 1750. Evan James, the father, was married to Elizabeth Stradling, also of Caerphilly. There is a strong suggestion that she was descended from the Stradlings of St Donat's, an aristocratic family with a long and proud tradition of patronage of Welsh poets and culture. This is possible; the last of the Stradling family left St Donat's in 1755 and their descendants scattered throughout South Wales – Roath, Llantwit Major and Gelli-gaer – and beyond.

Perhaps some part of the rich cultural heritage of that great family was embedded in the soul of Elizabeth James. Evan's poems reveal that his father was also a man of some learning and culture. He praised his upbringing and his father's pride in his son's early attempts at writing poetry. We know that three, possibly four, of Evan's brothers were poets. A poem tells us that his father had been, all his life, a Sunday School teacher. We sometimes forget the role of the Sunday School at that time. R. T. Jenkins, writing in 1938, referred us back 120 years and reminded us that the Sunday School was not necessarily a part of Sunday worship, 'but a school to teach people to learn to read which was held on a Sunday . . . a school held on a Sunday and not on a weekday.' He cited Ap Vychan who described it as 'a respectable way of breaking the Sabbath.' My wife, in the course of researches into the history of Nantgarw, found census records for the mid-19th century where persons young and old described themselves, with a hint of pride, as 'canal boatman and Sunday Scholar'. On the other hand poems by Evan and his brother Thomas (Tomos ab Iago) praised the Sunday School for its educational, religious and moral influences. Evidently the Sunday School was an important educational, if not a necessarily religious, influence on Evan.

By 1813 the family had moved from Caerphilly to the Ancient Druid Inn – a public house, woollen mill and a row of cottages on the outskirts of Hollybush, a village between Argoed and Tredegar.

gyrrion Llwyncelyn, pentref rhwng Argoed a Thredegyr. Gellir tybied y bu'r Druid yn eiddo i'r teulu am yn agos i 35 mlynedd. Symudodd y teulu, neu o leiaf y rhieni a'r plant iau, o'r Druid i Ffos yr Hebog, fferm yng nghanol gwaun Gelli-gaer rywbryd cyn 1820, ac oddi yno i bentref Nelson. Credir i fam Evan James farw yn Rhagfyr 1824 ac i'r tad ailbriodi Elizabeth Williams, gwraig weddw o Ferthyr Tudful, yn Eglwys Llangatwg, Gelligaer, yn Rhagfyr 1826. Mae cyfeiriadau yng ngherddi Evan yn awgrymu hwyrach bod Elizabeth Williams yn forwyn y teulu – mae'n cydnabod ei hanogaeth hithau i'w ymdrechion barddol. Mae'n debygol, eto, fod y teulu wedi cadw perchnogaeth o Ffos yr Hebog am gyfnod, hwyrach gyda'r plant hŷn yn byw yno a ffermio'r lle. Mae Ffos yr Hebog erbyn hyn yn bencadlys cwmni bysiau â'r tŷ – tŷ hir traddodiadol Gymreig – er ei ehangu yn sylweddol, yng nghysgod gweithdai a bysiau deulawr. Bu farw Evan James, y tad, ym 1856, flwyddyn cyfansoddi *Hen Wlad Fy Nhadau*, a'i gladdu ym mynwent eglwys Gelli-gaer. Bryd hynny roedd yn byw yn ffermdy Troed Rhiw Trwyn, a saif o hyd ar y ffordd gefn o Drehopcyn i Lwyncelyn (arall) yng ngodre Rhondda, tua dwy filltir o ganol Pontypridd. Bu farw ei (ail) wraig chwe blynedd yn ddiweddarach, yn 90 oed.

Cawn hanes un brawd hŷn, Lewis James (Iago Mynwy) yn ymsefydlu ei hun fel crydd a thafarnwr yng Nghwm Rhydderch, neu Gwmerdderch, Glyn Ebwy. Mae enw'r dafarn a adeiladodd yno, Y Fotas (The Boot), yn awgrymu iddo barhau gyda'r ddwy grefft, fel y bu eraill o'r teulu, Evan yn eu plith, yn wehyddion a thafarnwyr yr un pryd. Lluniodd Dafydd Morganwg awdl goffa i Lewis James a wobrwywyd yn Eisteddfod y Rhos, Mountain Ash, 1868. Fe'i cyhoeddwyd yn bamffledyn y flwyddyn wedyn ac y mae'n cynnwys nodyn bywgraffyddol sy'n profi y bu Lewis yn ffigwr amlwg yng nghylchoedd diwylliannol a dyngarol cymoedd Cynon, Taf, Sirhywi a Rhymni. Cawn fod brawd arall, Edward a'i wraig, yn berchen melin wlân yn Aberbargod. Priododd Mary – yr unig chwaer – â Thomas Lewis, mab Yr Hen Dafarn, a safai mewn cwm bychan rhwng Bargod ac Aberbargod lle mae Nant Bargod yn uno ag afon Rhymni. Mae tafarn yno o hyd er newid ei henw i'r Old Mill Inn a wedyn i Old Mill Hotel. The Gold Mine yw'r enw presennol! Bu Mary yn ddolen bwysig, yn cadw'r brodyr niferus mewn cysylltiad â'i gilydd – ymfudodd tri ohonynt, John, Daniel

It may be that the James family retained ownership of the Druid for 35 years. Sometime before 1820 the family, or at least the parents and younger children, moved from the Druid to Ffos yr Hebog, a farm on Gelli-gaer common a few miles north-west of Deri, and from there to the village of Nelson. Evan James's mother probably died in December 1824, and the father re-married in December 1826. His new wife was Elizabeth Williams, a widow from Merthyr. They were married in St Catwg's Church, Gelli-gaer. References in some of Evan's poems suggest that his stepmother may have been a family maid – he acknowledges her exhortation to him to write poetry, advising him on one occasion to smoke a 'long pipe' for inspiration! Again, it seems possible that the family may have retained ownership of Ffos yr Hebog, with the older children farming it. Ffos yr Hebog was a Welsh long house, now much extended, and the home of the owner of a local bus company. The house is now dwarfed by double-decker buses and garages. Evan James senior died in 1856, the year Hen Wlad Fy Nhadau *was composed, and his grave is by the porch of Gelli-gaer church. He lived his last years in Troed Rhiw Trwyn, a farmhouse by the old road from Hopkinstown, Pontypridd, to Llwyncelyn, at the lower end of the Rhondda. His second wife died six year later, aged 90.*

An older brother, Lewis James (Iago Mynwy), established himself as a shoemaker, cobbler and innkeeper in Cwm Erdderch, Ebbw Vale. He built an inn, which he called The Boot, which suggests he may have continued both trades at the same time, as other members of the family, Evan included, were at times simultaneously publicans and weavers. The historian and poet, Dafydd Morganwg, wrote a prize-winning ode in memory of Lewis James for the Rhos Eisteddfod, Mountain Ash, in 1868. Published as a pamphlet the following year it includes a useful biography that shows Lewis was at various times prominent in cultural and charitable work in the Cynon, Taff, Rhymni and Sirhowy valleys. Another brother, Edward, owned a woollen mill in Aberbargoed. Mary, the only sister, married Thomas Lewis, son of Yr Hen Dafarn, *in the little valley between Bargoed and Aberbargoed, at the confluence of Nant Bargoed and the Rhymni.* The Gold Mine *occupies the spot today although the name* Old Mill Hotel *can be seen faintly on the gable end. Mary was an important link, keeping the numerous brothers in touch with each other – three of whom*

a James i Unol Daleithau America. Arferai'r teulu ddod ynghyd i'r Hen Dafarn, Evan yn eu plith, am wythnos adeg y Pasg, i ddigwyddiad a elwid yn 'Pastai'r Bont'. Wythnos o wledda yng nghwmni pobl ifanc eraill yr ardal bob nos, yfed cwrw cartref a mwynhau difyrrwch oedd yn cynnwys canu a dawnsio – gan gynnwys dawnsio'r glocsen – i gyfeiliant telyn. Byddai telynor yn cael eu gyflogi am yr wythnos. Dull o godi arian at elusennau oedd y 'bastai', rhan o draddodiad Morgannwg a Gwent, ac fe'u cynhelid mewn tafarndai ar wahanol adegau o'r flwyddyn. Byddai un o wragedd yr ardal yn paratoi dwy bastai fel rheol, un o gig a thatw gyda thipyn go lew o bupur a sesnin i godi syched a sicrhau bod mynd ar y cwrw. Byddai'r bastai afalau, felys, yn dilyn.

Ym 1832, ac yntau'n 23 oed, priododd Evan â Elizabeth Jones o Eglwysilan. Ar sail yr hyn â nodir wrth ei gerddi, bu'r ddau byw i ddechrau yn Argoed ac Aberbargod. Ym 1833 ganwyd y cyntaf o'u plant, James, cyfansoddwr alaw *Hen Wlad Fy Nhadau*. Ym 1836 aeth y teulu i gadw'r Ancient Druid Inn. Yno y buont tan 1847 pan, ar anogaeth y brawd hŷn, Lewis, oedd erbyn hyn yn byw ym Mhontypridd neu yng ngodre Cwm Rhondda, y gwerthodd y Druid a chymeryd, ar rent, y felin a'r ffatri wlân ar lan afon Rhondda, fymryn yn uwch i fyny na'r man lle mae'n llifo i afon Taf. Yno y bu Evan James nes ei farw ar Fedi 30, 1878.

Yr oedd yn amlwg ei fod eisoes yn ŵr pur adnabyddus a bardd uchel ei barch. I fynd yn ôl i Eisteddfod odidog Cymreigyddion y Fenni, 1838 – honno a fynychwyd gan yr enwog Kervarker a'r ddirprwyaeth o Lydaw – gwelir enw Ieuan ab Iago a'i frawd Dewi ab Iago ymysg y beirdd a ddisgwylid i fod yn bresennol. A cheir dwy gerdd gan feirdd lleol, Eos y Dyffryn a Josi'r Pedlar, yn ei groesawu'n galonnog i Bontypridd. Yr oedd y dref yn dal yn gymharol fychan bryd hynny – amcangyfrifir nad oedd ei phoblogaeth yn fwy na 4000 ym 1861 – ond yr oedd ei bywiogrwydd barddol yn ddihareb. Byth oddi ar i'r gŵr o Sir Frycheiniog, Thomas Williams (Gwilym Morganwg), ddod i Bontypridd i gadw tafarn y New Inn tua 1807, bu'r dafarn yn fan cyfarfod beirdd yr ardaloedd o gwmpas a chynhelid aml eisteddfod ynddi. Dyna gychwyn y criw lliwgar a llawen a enwyd yn ddiweddarach yn Glic y Bont. Oddeutu canol y ganrif, gyda thŵf canu corawl, ac i

James James (chwith) ac Evan James, fel y darlunir hwy
ar y gofeb ym Mharc Ynysangharad

*James James (left) and Evan James as portrayed on the
memorial in Ynysangharad Park*

Llun pen ac inc o Evan James (ar y dde) a James James

A pen and ink sketch of Evan James (right) and James James

Y Maen Chwŷf a'r cylch derwyddol ar Gomin
Coedpenmaen, Pontypridd

*The Rocking Stone and the Druidic Circle on Coedpenmaen
Common, Pontypridd*

Edward Davies, yr Archdderwydd Myfyr Morganwg a dderbyniodd
Evan a James James yn aelodau o'i Orsedd ym 1850

*Edward Davies, the Archdruid Myfyr Morganwg who initiated
Evan and James James into his Gorsedd in 1850*

had emigrated to the United States of America. The family, Evan included, would gather at Yr Hen Dafarn *every Easter for an event called* Pastai'r Bont. *Young people from the district would come every night for a week of singing and dancing accompanied by a harpist who would be hired for the occasion. The best cooks in the district would prepare two pasties, one a well-seasoned meat and vegetable pasty ensured a lively thirst for the homebrewed beer with a sweet apple pasty to follow. The* pastai *was a popular way of raising money for charity in Glamorgan and Gwent.*

In 1832, aged 23, Evan married Elizabeth Jones of Eglwysilan. His poems reveal that they lived in Argoed and Aberbargoed. In 1833 their eldest, most famous son, James, composer of the music of Hen Wlad Fy Nhadau, *was born. In 1836 the family moved to the* Ancient Druid Inn. *There they stayed until 1847 when, urged by Lewis now living in Pontypridd or the lower end of the Rhondda, Evan sold the* Druid *and rented the mill and woollen factory on the banks of the Rhondda, in Mill Street, Pontypridd. Evan lived there until his death on September 30, 1878.*

His reputation as a poet preceded him. The name Ieuan ab Iago appears twice in a list of poets whose presence was expected at the fabulous 1838 Cymreigyddion Eisteddfod, *Abergavenny, the one that welcomed the Breton delegation led by the great collector of ballads and folk songs, Théodore Hersart de la Villemarqué. We can safely assume that one of them was Evan. Also listed, incidentally, is Dewi ab Iago, possibly David James, Evan's brother. So when Evan arrives in Pontypridd he is welcomed warmly in verse by Eos y Dyffryn and Josi'r Pedlar as a person of note. Pontypridd was still comparatively small – even by 1861 the population did not exceed 4000 – but the activities of the poetic fraternity was legendary. Ever since Thomas Williams (Gwilym Morganwg) came from Breconshire to keep the New Inn around 1807, the pub was a meeting place for poets of the surrounding villages and a venue for eisteddfodau. Here was the beginning of Clic y Bont an exuberant and colourful group of poets who eventually gained some notoriety, particularly in South Wales bardic circles. It was not until the mid-19th century, with the advent of choral singing and the need for larger buildings to accommodate them, that it became necessary to take the local eisteddfodau out of the long rooms of the public houses and into the chapels. The eisteddfodau were no longer the preserve of the*

gystadlaethau corawl ddod yn rhan hanfodol a phoblogaidd o'r eisteddfod y symudodd yr eisteddfod o'r dafarn i'r capel. Dylid nodi, er nad llwyrymwrthodwyr oedd y beirdd, mai yn y dyddiau cynnar y tafarndai yn unig a feddent stafelloedd o ddigon o faint i gynnal unrhyw fath o gyfarfodydd. Gyda thŵf Ymneilltuaeth daeth y capeli mawr, ac er mwyn hwylustod yn gymaint a dim, symudodd yr eisteddfod o'r dafarn i'r capel gan ymbarchuso ac, er gwell neu waeth, cynhyddodd dylanwad y gweinidogion, yn arbennig ar yr agwedd lenyddol.

Pryd yn union y dechreuwyd cyfeirio at y garfan hon o adar brith, ys dywedodd Dyfnallt, fel 'Clic y Bont', wyddon ni ddim. Hwyrach mai Mabonwyson (W. H. Dyer) nad oedd ar delerau cyfeillgar iawn gyda nhw bïau'r clod ac mai ef oedd yn gyfrifol am y disgrifiad difrïol hwn ohonynt:

'Dewi Wyn o Essyllt yn ciatw ticyn o shop yn Llangana, dim ond sepon a thriacl odd ganddo fa, a'i hen shop e i gyd yn y ffenast. Dewi Haran, cetyn o dilwr a ocshwnêr, a gwêd celwdd odd i waith a, a fe wertha'i fam am ddima. Dewi Alaw yn hwcstera ar hyd y Bont, a hen geffyl a chart brynws y Clic iddo fa, a'r hen geffyl mor dena fel y gallech ware tiwn ar i asenna fa. Carnelian, rhyw dicyn o golier yn gwitho mewn lefel fach ar ochr y Graig Wen, a ddim yn torri dicon o lo i giatw tân barbwr i fynd; a Brynfab yn ciatw tamaid o ffarm ar ochr Mynydd Eglwysilan y gallwn i chuddio hi a'm het.'

Yr oedd Dewi Wyn yn fardd toreithiog a Charnelian yn englynwr dawnus. Ac yr oedd Dewi Haran yn arwerthwr a phrisiwr, er yn dueddol o dreulio gormod o amser yn seiadu gyda'i gyfeillion llengar yn ei swyddfa yng Ngelliwastad, Pontypridd. Yr oedd Dewi Alaw, er mor dlawd ei fyd, yn gryn athrylith cerddorol yn ogystal a bardd yn y mesurau caeth ac englynwr campus. Roedd Brynfab (Thomas Williams) oedd yn marw ym 1927 yn fardd da a beirniad craff fu'n golygu colofn farddol *Tarian y Gweithiwr* am flynyddoedd. Mae'r ffaith i'r *Darian* ddal ati hyd 1934 yn brawf o fywiogrwydd Cymreictod yr ardal yn chwarter cyntaf yr ugeinfed ganrif. Beth bynnag am farn Mabonwyson am Frynfab yr oedd Dafydd Morganwg yn llawer mwy grasol:

Lwc i bawb o Glic y bont
I ennill faint a fynont

poets, and as the ministers began to take a livelier interest the events as a whole became more respectable and the literary content more theological.

When exactly the motley group of Pontypridd poets became known as Clic y Bont *is not certain. It may have been Mabonwyson (W. H. Dyer), who was not on the best of terms with them, who deserves the credit as it is said that he was responsible for the following somewhat scurrilous descriptions:*

'Dewi Wyn o Essyllt keeping a tiny shop in Llangana, all he sells is treacle and soap, and the whole shop's in his window. Dewi Haran, a bit of a dealer and auctioneer and lying is his stock in trade and he'd sell his mother for a halfpenny. Dewi Alaw, a huckster about town, with an old nag and cart bought for him by the Clic, and the horse so thin you could play a tune on his ribs. Carnelian, a collier working a little drift mine on the side of Graigwen, and not cutting enough coal to feed a barber's fire, and Brynfab with a tiny farm on the side of Eglwysilan mountain that I could cover with my hat.'

Dewi Wyn (Thomas Essile Davies) was a prolific, and the most ambitious poet of the fraternity. Carnelian (Cosslett Cosslett) was a fine writer of englynion whose work has been unfairly neglected. Dewi Haran (David Evans), the worthy and longwinded contributor to the poetry columns of the local press, spent too much time discussing literary matters with his friends in his office on Gelliwastad Road. Dewi Alaw (David Davies) was a musician of real talent as well as a poet skilled in the traditional metres. Because of his poverty and general carelessness musical and poetic compositions that had received fulsome praise by eisteddfod adjudicators were lost or destroyed. Brynfab (Thomas Williams), who died in 1927, was a poet and critic of some distinction who for many years edited the poetry section of the Aberdare journal, Tarian y Gweithiwr. Whatever the opinions of Mabonwyson – beautifully expressed in Glamorgan dialect and losing much in translation – Dafydd Morganwg was more generous:

> Best of luck to Clic y Bont
> And as much success as they desire

oedd ei farn yn ei golofn farddol yn *Tarian y Gweithiwr* yng Ngorffennaf 1878 yn dilyn cadeirio Brynfab yn Eisteddfod Bethesda ar y testun *Y Gwron.*

Aeth rhagddo:

> Yntau Brynfab gyrhaeddodd urdd Rabbi
> Gwych a rheolaidd yn mysg Chwareli;
> A'i awen wrol, mynodd flaenori
> Yn aur lanerch Y Gadair eleni;
> Yn hawdd iawn enillodd hi – fel campwr,
> Hwn yw'r arwr a 'Gwron' Eryri.

Ond euthum ar grwydr braidd. Pan ddaeth Evan i Bontypridd ym 1847 yr oedd yn dod i ganol tref fywiog a lliwgar ei diwylliant, llawn o 'firi eisteddfodol a gorseddol'. Yr oedd y gwneuthurwr ac atgyweiriwr clociau Myfyr Morganwg (Edward Davies) yn prysur ail-godi Gorsedd a Chadair Morganwg. Ym 1849 tacluswyd Cylch Cerrig y Maen Chwŷf ar Gomin Coedpenmaen gan osod y cerrig ychwanegol ar ffurf sarff, ac ar Alban Hefin, dydd hwyaf, 1850, yr oedd Evan James yn un o bump a urddwyd yn feirdd yng nghyfarfod cyntaf yr orsedd ar y safle dan lywyddiaeth Myfyr, ei harch-dderwydd. Gorymdeithiodd torf fanerog, ysblennydd o dafarn y New Inn i'r Maen Chwŷf. Ymysg pymtheg a urddwyd yn ofyddion yr oedd ei fab James James (Iago ab Ieuan). Yn y cyfarfod nesaf, ar Fedi 28, 1850, yr oedd Evan yn annerch y beirdd gydag awdl fer oddi ar y Maen Chwŷf – darllenwyd yr awdl oddi ar yr un maen gan yr Archdderwydd Selwyn Iolen adeg dathlu canmlwyddiant a hanner cyfansoddi *Hen Wlad Fy Nhadau* yn 2006.

Cawn hanes Eisteddfod Orseddog a gynhaliwyd ar Alban Hefin, 1853, yn *Y Gwron Cymreig*, adroddiad wedi ei sgrifennu, mae'n bur debyg, gan Myfyr Morganwg ei hun. 'Yn mlaenaf,' yn ôl yr adroddiad, 'dygid baner wen oreurog ac arni y cyswynair, 'Deffro, mae'n ddydd,' ac o'i hôl, pawl uchel, a rhywbeth ar ei ben yn cael ei orchuddio â lliain gwyn. Yn nesaf, cychwynai cerbyd yn dwyn telyn chwareuedig gan y telynor, Mr James James, gan wasgar swyn 'Bardd yn ei Awen' a'r 'Gadlys', nes deffro hwyl i ganu:

Y fersiwn o Hen Wlad Fy Nhadau sydd yn llyfr caneuon James James. Ond ai hon yw'r fersiwn wreiddiol? Gweler y fersiwn o gasgliad Orpheus, tudalen 244

The version of Hen Wlad Fy Nhadau from James James's songbook. But is this his original composition? See the 'Orpheus version', page 244

Y delyn a wnaed gan Evan James sydd yn Amgueddfa Werin Sain Ffagan (llun drwy garedigrwydd yr Amgueddfa)

The harp, made by Evan James, at the National History Museum, St Fagan's (picture courtesy of the Museum)

Darlun Penry Williams o'r bont reilffordd ar draws afon Taf.
Y 'bontnewydd' oedd gan Evan James mewn golwg yn ei gerdd
Cân yr Adfywiad, tudalen 134. (Llun drwy garedigrwydd
Ymddiriedolaeth Amgueddfa Ironbridge Gorge, Telford)

*Penry Williams's painting of the viaduct across the Taff at Goetre'r
Coed. This was the 'newbridge' Evan James had in mind in his
poem The Revival, page 135.
(Picture courtesy of Ironbridge Gorge Museum Trust, Telford)*

Bedd Evan ac Elizabeth James wrth droed y Gofeb ym Marc
Ynysangharad

Evan and James's grave beneath the Memorial in Ynysangharad Park

was his exhortation in the poetry section of Tarian y Gweithiwr, *July 1878, after Brynfab had been Chaired at the Bethesda Eisteddfod for an ode to* The Hero.

He continued:

> *And he, Brynfab, in the order of Rabbis*
> *Harmonious and splendid among the quarries;*
> *Heroic his muse, he came to the fore*
> *In the golden glade of the Chair this year;*
> *With great ease he won – a champion,*
> *He is our 'Hero' and that of Snowdonia.*

But I digress. When Evan James arrived in Pontypridd in 1847 he came to a town with a lively and colourful literary culture, full of 'eisteddfodic and druidic enthusiasm'. The clock maker and repairer Myfyr Morganwg (Edward Davies) was busy re-constituting the Morganwg Gorsedd and Chair. In 1849 the Stone Circle around the Rocking Stone on Coedpenmaen Common was tidied and cleared and the additional stones in the shape of the serpent set down. Then, on the longest day of 1850 Evan was one of five poets initiated into the Order of Bards in the Gorsedd's first meeting under Arch-druid Myfyr. A splendid, bannered crowd marched from the New Inn to the Rocking Stone. Among the fifteen welcomed into the Ovate Order was Evan's son James (Iago ab Ieuan). At the next meeting, on September 28, 1850, Evan himself stood on the Rocking Stone, addressing the poets with an ode in traditional metres. That ode was read again by the Arch-druid of Wales, Selwyn Iolen, from the same place in 2006, on the 150th anniversary of the composition of Hen Wlad Fy Nhadau.

Y Gwron Cymreig *gives a colourful description of the Gorsedd Eisteddfod held on the longest day of 1853. The report, probably written by Arch-druid Myfyr himself said: 'At the fore was borne a white gilded banner and on it the words, 'Awake, it is day', followed by a high pole from which hung something that was covered by a white sheet. Next, came a cart bearing a harp played by the harpist, Mr James James, scattering the charm of such melodies as 'Bardd yn ei Awen' and 'Gadlys' inspiring all to sing:*

'O delyn Gwalia dirion
Deffrôdd dy beraidd danau;
Na foed calon oerion' &c'

Myfyr ei hun enillodd Gadair yr Eisteddfod hon, sy'n swnio braidd yn anarferol i ni heddiw. Y Parch John Emlyn Jones (Ioan Emlyn) oedd y beirniad a wedi iddo draddodi ei feirniadaeth cyfarchodd y bardd gydag englyn a wedyn cafwyd englyn o gyfarchiad gan Jonathan Reynolds (Nathan Dyfed). Yr olaf i gyfarch y bardd buddugol oedd Evan James, neu Ieuan ab Iago, B.B.D. (Bardd Braint a Defod), fel y cyfeirir ato yn yr adroddiad.

'Drwy addysg y Derwyddion, – wŷr enwog,
    A'r anwyl Gyfrinion,
    A chelyd ddwfr orchwylion,
    Dïau'r aeth i'r gadair hon.

'Yna a'i rhagddo yn mhellach, a dywedai, – Nid rhyfedd ein bod oll yn llawenhau wrth weled un a dybiwn mor deilwng yn eistedd yn nghadair glodfawr Morganwg a Gwent – un sydd wedi gwneud y fath ymegnïad dyfal a dwys i gael allan o'r caddug oesol, i olau dydd, hen gyfundrefn cenedl y Cymry. I bwy yr ydym yn ddyledus am ddeffro a iawn adferu yr Orsedd yn ei defodau, ei rheolau, a'i gogoniant syml a chyntefig, ond i'n Myfyr? I bwy yr ydym ddyledus am ei chychwyn yn mlaen yn rheolaidd ac awdurdodol, o 'gyfarch' i 'gyfallwy' &c fel y gallem gael urddau cyflawn, ond i'n Myfyr. Pwy sydd wedi ein hamddiffyn hefyd fel plaid yr Orsedd, yn ngwyneb yr ymosodiadau sydd wedi bod arnom, ond ein Myfyr. Iechyd a hir oes iddo a ddymunwn yn ei gadair newydd.

'Nid i'r gors â'r hen Orsedd – ardderchog,
    Gwir ddyrchu mewn mawredd;
    Hir iawn saif y gadarn Sedd
    Ar anwyl graig 'gwirionedd'.'

Cawn gyfeiriad eto at Evan yn annerch y gynulleidfa yn 'Eisteddfod Gorsedd Beirdd Ynys Prydain, ar y Maen Chwŷf, Swyngylch Llys Ceridwen a Dadblygion y Sarff Dorchog, ar lan

'O harp of gentle Gwalia
Thy sweet strings awake;
Let be no heart so cold' &c'

Myfyr himself won the Chair at this Eisteddfod, which may appear somewhat irregular to us in this day and age. The adjudicator was the Rev John Emlyn Jones (Ioan Emlyn), who, after he had delivered his adjudication greeted the winner with an englyn, which was followed by another englyn from Jonathan Reynolds (Nathan Dyfed). Neither of the englynion appears to have been worthy of inclusion in the report. Not so the final greeting to the winning poet offered by 'Evan James, or Ieuan ab Iago, (B.B.D.)' as he is described in the report. B.B.D. stood for Bardd Braint a Defod (Poet by rite and custom), a 'degree' which Iolo Morganwg (Edward Williams), creator of the Gorsedd of Bards, had created for himself. Evan's address, which appears to have been re-printed fully is as follows:

'By the wisdom of the Druids, – famous men,
 And the dear mystics,
A diligent flow of effort
Doubtless went into (winning) this chair.

'He continued, and stated, – 'It is no wonder that we are celebrating at the sight of one so worthy seated in the great Chair of Morganwg and Gwent – one who with such diligence and profound endeavour has drawn the ancient order of the Welsh from past darkness into the light of present day. To whom are we indebted for awakening and fully restoring the Gorsedd in its customs, its laws, its simple and primal splendours, if not our Myfyr? To whom are we indebted for moving it forward regularly and with authority, from entreaty to competence &c so that we may have a perfect order, if not our Myfyr. Who has defended us, supporters of the Gorsedd, in face of the attacks made upon us, except our Myfyr? We wish him health and a long life in his new Chair.

'Sink not in the marsh, our splendid – Gorsedd,
 But raise it to greatness;
Long may stand, this solid chair
On the dear rock of truth.'

y Taf, Pendefigaeth Morganwg', ar Alban Hefin, 1854. Ond nid yw'r adroddiad yn *Y Gwron Cymreig* yn cynnig dim mwy o wybodaeth na'i bod yn un o 'amryw areithiau cywrain' yn cynnwys rhai 'sylwadau eglurhaol ar bethau cwbl ddyeithr yn yr oes dywyll hon, yn nghylch cyfundrefn arddurnol hen orsedd barddas.' Eto cyfeirir ato fel I. ab Iago, B.B.D. (Yn yr Eisteddfod hon, gyda llaw, y derbyniwyd – yn ei absenoldeb – Eben Fardd yn aelod o'r orsedd a chael ei gystwyo am y fath ffolineb gan John Jones [Talhaiarn] yn Eisteddfod Treforys toc wedi hynny. Hefyd, Eben oedd y cyntaf i geisio cyfieithu *Hen Wlad Fy Nhadau* i'r Saesneg).

Yn yr adroddiad blaenorol cawn Evan yn cyfeirio at Myfyr fel 'plaid yr Orsedd, yn ngwyneb yr ymosodiadau sydd wedi bod arnom'. Cawn gerddi gan Evan cyn belled yn ôl â 1845 lle mae'n amddiffyn derwyddaeth, sy'n awgrymu y bu ymosod ar yr Orsedd ers tro. Mewn erthygl gan William Jones a ymddangosodd yn y *Western Mail* ar drothwy'r Eisteddfod Genedlaethol ym 1939 honnir bod gwrthdaro rhwng Clic y Bont a Chylch Derwyddol Myfyr Morganwg mor gynnar â 1850. Cyfeiriodd at ymddangosiad dwy ffug-raglen eisteddfod ddi-enw – ffurf boblogaidd o wawdio cymeriadau neu gymdeithasau bryd hynny – adeg Eisteddfod Derwyddon y Maen Chwŷf, Alban Hefin, 1850. Yn ôl yr erthyglwr, nid oedd amheuaeth nad y Clic oedd yn gyfrifol. Mae'n enwi Dewi Wyn o Essyllt, Carnelian, Brynfab, Mathonwy, Dewi Haran, Dewi Alaw a Ieuan Wyn fel aelodau'r Clic. Ond prin y byddai'r rhain yn rhan o'r fath gynllwyn ym 1850. Yr oedd Dewi Wyn o Essyllt yn cael ei urddo'n fardd yn yr Eisteddfod honno a Dewi Haran yn un o'r 'beirdd trwyddedog . . . a phersonau anrhydeddus eraill' a orymdeithiodd yn 'dorf ysblennydd' o dafarn y New Inn i'r Maen Chwŷf. Am Brynfab, ni fuasai yn fwy na dwyflwydd oed ar ddydd yr achlysur mawr hwnnw. Eto, mae'n bosib bod drwg-deimlad wedi codi rhwng y Clic a'r Derwyddon mor gynnar â hynny. Bu gwrthdaro chwyrn rhwng rhai o weinidogion yr ardal a'r Derwyddon yn sicr mor gynnar a 1851 gydag ymosodiadau'r Parch Henry Oliver, Capel Sardis. Un arall a daranai yn erbyn y Derwyddon oedd y Parch Edward Roberts, fu'n weinidog Carmel a'r Tabernacl, er bod y Parch John Emlyn Jones (Ioan Emlyn), awdur *Bedd y Dyn Tylawd*, ac a fu yn ei dro yn weinidog Tabernacl a Chapel Rhondda,

Again, on the longest day of 1854, we find a reference to Evan addressing the audience at the 'Eisteddfod of the Gorsedd of Bards of the Isle of Britain, on the Rocking Stone, the Enchanted Court of Ceridwen and the Unfolding of the Coiled Serpent, on the banks of the Taff, the Artistocracy of Glamorgan'. But the report in Y Gwron Cymreig *offers no detail other than it was one of 'many eloquent speeches' and 'some explanatory observations on matters totally beyond understanding in this dark age, appertaining to the decorative forms of the old Gorsedd of poesy.' This time he is referred to simply as I. ab Iago, B.B.D. (It was, incidentally, at this gathering that Eben Fardd [Ebenezer Thomas] was made an honorary member,* in absentia, *of the Gorsedd of Glamorgan and Gwent. Because of its direct link to Iolo Morganwg, Eben considered this Gorsedd to be of a worthier status than all others in Wales. He was soon to be publicly chastised for such opinions from the platform of the Morriston Eisteddfod by John Jones [Talhaiarn].) Eben, incidentally, was the first to attempt an English translation of* Hen Wlad Fy Nhadau).

In the report of the 1853 Eisteddfod Evan is quoted as referring to Myfyr as a defender of the 'supporters of the Gorsedd, in face of the attacks made upon us'. As far back as 1845 Evan was writing poems in defence of Druidism, which suggests that such attacks on the Gorsedd were not uncommon. William Jones, in an article in the Western Mail *on the eve of the 1939 National Eisteddfod, argued that there had been conflict between Clic y Bont and Myfyr Morganwg's Druidic Circle as early as 1850. He cites two pseudo Eisteddfod programmes – a popular form of satire –published at the time of the 1850 Eisteddfod and suggests that the Clic were responsible. He names Dewi Wyn o Essyllt, Carnelian, Brynfab, Mathonwy, Dewi Haran, Dewi Alaw and Ieuan Wyn as members of the Clic. It is unlikely that these were responsible. Dewi Wyn o Essyllt, along with Evan James, was being initiated into the ranks of poets in June 1850 and Dewi Haran was one of the 'licensed bards . . . and other honourable people' who had paraded in 'magnificent procession' from the New Inn to the Rocking Stone. As for Brynfab, he would not yet have been two years old on that tumultuous day. Yet, it is not impossible that there was friction between the Clic and the Druids even at that time, it was certainly so later. There was no lack of friction between some of the*

Trehopcyn, yn un o'r 'beirdd trwyddedog' a orymdeithiodd o'r New Inn i'r Maen Chwŷf ar ddydd hwyaf 1850. I fod yn gywir, yr oedd nifer o weinidogion ac ambell offeiriad yn aelodau o orsedd Myfyr yn y dyddiau cynnar. Mae'n werth nodi y bu Myfyr ar un adeg yn pregethu a cheir cyferiadau ato fel y Parch Edward Davies.

Ymddengys i'r gŵr swil ac encilgar Evan James fod yn fwy o ddyn y Derwyddon nag o ddyn y Clic, er iddo, mae'n debyg, ymwneud â'r Clic hefyd. Ymhlith ei gyfeillion agosaf oedd Ioan Emlyn a John Thomas (Ifor Cwm Gwŷs), dau o'r beirdd gorau a dreuliodd gyfnodau yn byw ym Mhontypridd. Yr oedd Ifor yn un o selogion y Clic – bu Evan ac yntau'n gyd-fuddugol mewn cystadleuaeth am gyfres o englynion i Dŷ Marchnad Newydd Aberdâr yn Eisteddfod y Carw Coch 1853. Mae'n amlwg fod yr Eisteddfod yn bwysig i Evan – mae testunau a chynnwys llawer o'i gerddi yn brawf ei fod yn gystadleuydd cyson yn yr adran farddol a weithiau ar gystadleuthau rhyddiaith, fel y traethawd. Ac os nad oedd yn cystadlu, gwelir iddo fod weithiau'n feirniad, dro arall yn llywydd. Yn ogystal â mynychu'r llu o fân Eisteddfodau a gynhelid yn nhafarndai Pontypridd a'r cylch, ei aelodaeth a'i gefnogaeth i Orsedd a Chadair Morganwg a Gwent yr oedd yn aelod brwd o'r mudiad elusenol Cymraeg a enwyd ar ôl Ifor Hael, noddwr Dafydd ap Gwilym, sef Urdd y Gwir Iforiaid. Ceir ganddo ar gyfer yr achlysuron hyn nifer o englynion i'w hadrodd a cherddi i'w canu i alawon poblogaidd y dydd – yn alawon Cymreig ag estron.

Yn ddiamau, yr oedd yn ŵr amryddawn. Yn ogystal â bod yn fardd, ei ddiddordebau elusenol, a'i waith bob dydd fel gwehydd, a thafarnwr ar un adeg, cawn iddo lunio o leiaf ddwy delyn. Mae telyn unrhes, ddi-bedal, o'i waith ymhlith casgliad telynau Amgueddfa Werin Cymru Sain Ffagan. Fe'i disgrifiwyd gan y rhoddwr, ryw Mr W. Williams o'r Barri ym 1948, fel 'telyn ddawns' a chyfeirir ati fel 'Telyn James James' yng nghatalog telynau'r amgueddfa, sy'n awgrymu bod Evan wedi ei gwneud ar gyfer ei fab. Buasai hynny'n cryfhau'r sail i'r traddodiad lleol ym Mhontypridd fod James James wedi cyfansoddi alaw ein hanthem i'w dawnsio, yn sicr i'w chanu'n fywiocach nag a wneir heddiw. Ond yn ôl dogfennau'r amgueddfa dywedir i Evan ei rhoi i'w 'ddisgybl neu gynorthwy-ydd' Ambrose Moore o'r Porth pan orffennodd ei ail delyn. Nodir mai telyn bedal oedd

Pontypridd ministers of religion and the Druids by 1851, led by the Rev Henry Oliver, Sardis, the Welsh Congregational Chapel, who was himself a poet in Welsh and English. Another who thundered his disapproval of the Druids was the Rev Edward Roberts, minister of the two Baptist chapels, Carmel and Tabernacle. On the other hand, the Rev John Emlyn Jones (Ioan Emlyn), author of Bedd y Dyn Tylawd *(The Pauper's Grave), and sometime minister of Tabernacle and Capel Rhondda, Hopkinstown, was one of the 'licensed poets' who was part of the procession from the New Inn to the Rocking Stone in 1850 as were other ministers and a few clergymen. Nor should we forget that Myfyr himself preached and may even have been entitled to be called Reverend.*

He may have been a shy and retiring person, but Evan James was a committed member of Myfyr's Gorsedd, and it is likely that he sometimes attended the gatherings of the Clic, too. Among his closest friends were Ioan Emlyn and Ifor Cwm Gwŷs (John Thomas), two of the best poets to have lived in Pontypridd in the 19th century. Ifor was one of the Clic and he and Evan were joint winners in a competition for a series of englynion *in praise of the new indoor market at Aberdare at the Red Stag Eisteddfod of 1853. The subject and content matter of many of Evan's poems and occasional essays are proof that he was an enthusiastic Eisteddfodwr. One notable essay on the subject of strikes has survived. And when he was not competing he would be adjudicating, and at other times, presiding. As well as his support for the many Eisteddfodau held in the Pontypridd and district public houses and his membership of the Glamorgan and Gwent Gorsedd of Bards, he was also an active supporter of The Ivorites, a Friendly Society named after Ifor Hael, patron of the great Welsh mediaeval poet, Dafydd ap Gwilym. Among his works are many* englynion *and poems to be sung to the popular tunes of the day – Scottish and English as well as Welsh airs – to be performed at Ivorite dinners and Eisteddfodau.*

He was, without doubt, a man of many talents. A prolific poet, active in charity circles, a weaver and occasional publican, he could also lay claim to being a harp-maker, possibly a harpist as well. One of his harps, without pedals described as a 'dance harp', is among the collection at the Museum of Welsh Life, St Fagan's. It is described in the museum catalogue as 'James James's harp', which suggests Evan may have made it for his son. This would add

yr ail. Mae'r cyfeiriad at ddisgybl – 'pupil' yw'r gair a ddefnyddir – yn codi cwestiwn arall. Yn ogystal â bod yn wneuthurwr telynau roedd Evan James, hefyd, yn delynor? Mae cerdd groeso Josi'r Pedlar hefyd yn awgrymu hynny: 'Ni unwn wedi'th dderbyn/yn llon mewn cân ag englyn/Ar deilwng geinciau'th delyn . . .' tud. 234. Nodwyd mewn amryw ffynhonellau mai John Crockett o Bontypridd oedd athro telyn James James, ond nid yw hynny'n golygu nad oedd ei dad yn delynor, hefyd. Wyddom ni ddim o hanes yr ail delyn. Cyflwynwyd telyn arall y credir iddi gael ei llunio gan Evan Jones i amgueddfa ym Mhowys mor ddiweddar â 2001 ac a ddiflannodd yn rhyfedd iawn. Deallaf mai telyn fechan, o bosib yn debyg i'r un sydd yn Sain Ffagan, oedd hon.

Ei ddiddordeb arall oedd darllen – hanes a gwleidyddiaeth. Yr oedd yn berchen, wedi'u rhwymo yn y lledr drutaf, ddwy gyfrol *Hanes y Brytaniaid a'r Cymry* (1874) Gweirydd ap Rhys. Prawf o ddiddordeb dwfn yn hanes ei wlad. Dwy gyfrol sydd, gyda llaw, yn ddiogel yn Amgueddfa Pontypridd. Yn ddiddorol cyhoeddir yn yr ail o'r ddwy gyfrol – ynghyd â nodyn canmoliaethus gan Gweirydd – bennill cyntaf *Hen Wlad fy Nhadau* ac yn dilyn, ail bennill cerdd arall o waith Evan, *O Rhowch i Mi Fwth*. Bu'r ieuo anghymarus o ddwy gerdd debyg eu neges ond gwahanol iawn eu mydr yn achos penbleth i rai fu'n ceisio datrys dirgelion cyfansoddi'r anthem a chyfeiriwyd at yr ail bennill fel 'y llinellau coll'. Aeth ambell un cyn belled a honni, gan mor wahanol mydr y ddau bennill, mai rhigymwr cyffredin iawn oedd Evan ac na fedrai ei awen gynnal yr un mesur yn hir iawn. Nid oes dim sydd bellach o'r gwir. Beth bynnag am hynny, mewn adroddiad yn y *Monmouthshire Merlin* o anerchiad a draddododd Evan yn Eisteddfod Gelli-gaer, nos Nadolig, 1848, fe'i cawn yn llawenhau bod ei 'frodyr, y Saeson' yn cymeradwyo'r *Trioedd* Cymraeg. Mae hyn yn awgrymu ei fod yn gyfarwydd â gwaith yr hanesydd o Sais, Sharon Turner, awdur *History of the Anglo-Saxons*. Mewn argraffiadau diweddarach – er nad yn y cyntaf – ceir atodiad gan Turner, *A Vindication of the Ancient British Poems*. Aeth enw Turner yn anghof, eto am drigain mlynedd ef oedd hanesydd safonol y Saeson. Yn yr un adroddiad o'r *Monmouthshire Merlin* dywedir i Evan gyfeirio at yr honiadau enllibus a wnaed yn erbyn cymeriad a diweirdeb merched Cymru – cyfeiriad amlwg at

weight to the tradition in Pontypridd that James James had composed Hen Wlad Fy Nhadau *as a dance tune, certainly to be performed at a livelier pace than it is sung today. However, the documents at St Fagan's claim that Evan gave it to his 'disciple or assistant' Mr Ambrose Moore of Porth when he completed his second harp. It is claimed that the second was a pedal harp although there is no information as to its fate. Another harp, believed to be the work of Evan James, was presented to a museum in Powys as recently as 2001 but has since mysteriously disappeared. From what I have been told this was not a pedal harp but a small harp, perhaps like the one at St Fagan's, which a harpist could carry on his back. The use of the word 'pupil' raises another interesting question. As well as being a harp-maker, could Evan have also been a harpist? When welcoming Evan to Pontypridd in 1847 Josi'r Pedlar wrote 'We'll join, that you're now with us, / In merry song and poem / To your harp's worthy music . . .', page 235. It may have been a huge slice of poetic licence, but the reference is clear and unambiguous. We know that James James's harp teacher was John Crockett, also of Mill Street, Pontypridd, but that fact does not preclude his father from being a harpist.*

Evan was widely read and profoundly interested in history and politics. In his possession, bound in the most expensive leather of the day, were the two volumes of Gweirydd ap Rhys's Hanes y Brytaniaid a'r Cymry *(The History of the Britons and the Welsh). Both volumes, incidentally, are in the Pontypridd Museum. Interestingly, the second volume contains, along with generous praise from Gweirydd, the first verse of* Hen Wlad Fy Nhadau *and the second verse from another poem by Evan,* O, Rhowch i Mi Fwth *(O, Give Me a Cottage). The linking together of two verses, similar in theme and message but quite different in form and metre, has perplexed many who tried to piece together the story of the composition of our anthem. They have been referred to as 'the missing lines', tempting some to claim that Evan was a humble rhymester unable to sustain a poetic form beyond a few verses. Nothing was further from the truth. Be that as it may, in a report in the* Monmouthshire Merlin *of a speech by Evan at the Gelli-gaer Eisteddfod on Christmas night, 1848, we read that it pleased him 'that our brothers, the English, always give commendation and credit to the Cambrian Triads – compositions of peculiar ability and wit'. This suggests that he was familiar with the work of*

adroddiad comisiynwyr *Y Llyfrau Gleision*.

Ceir fod dwy gyfrol wedi'u rhwymo o rifynnau *The Controversialist* – 1861 a 1863 – yn ei feddiant. Cylchgrawn oedd hwn yn gwyntyllu amrywiol bynciau fel *A yw Tŷ'r Arglwyddi o Fudd i'r Wlad?*; *Oes Angen Gweinidogion yr Efengyl Arnom, neu a Fedrwn eu Hepgor?*; ac *A Ydyw Cysylltiad Parhaol y Trefedigaethau Prydeinig a'r Fam Wlad yn Beth i'w Ddymuno?* Ceid ynddo drafod pynciau diwydiannol a busnes, hefyd, e.e. trafodaeth ar waith James Watt a'r arafwch i ddefnyddio ager at bwrpas cynhyrchu pŵer. Yn ddiamau yr oedd yn ŵr agored i syniadau'r cyfnod yn ogystal ag ymdrwytho'i hun yn hanes y gorffennol.

Er iddo sgrifennu nifer fawr o gerddi, nifer fechan iawn ohonynt a gyhoeddwyd yn ystod ei fywyd. Hyd yn oed o gynnwys *Hen Wlad fy Nhadau*, y cerddi a gyhoeddwyd yn *Cymru* (1915) ymhell wedi ei farw, y gyfres englynion i farchnad Aberdâr a'r gerdd i Richard Fothergill a gyhoeddwyd yn *Gardd Aberdâr* (1854) ac un a ymddangosodd yn *Yr Iforydd* ni welais ond dyrnaid o'i gerddi mewn print. Ceir yr argraff ei fod yn ŵr swil, diymhongar. Hwyrach nad oedd yn caboli digon ar ei gerddi ac efallai bod golygyddion yn eu gwrthod. Mae yma awgrym o rywun fyddai'n cael ysbrydoliaeth yr awen, neu 'ysbrydoliaeth' testum eisteddfodol, ond heb fynd yn ôl at gerdd neu englyn i roi iddynt yr ychydig sglein ychwanegol fuasai'n eu gweddnewid. Mae'r ffaith fod ymysg ei lawysgrifau yn y Llyfrgell Genedlaethol restr o'i gerddi wedi ei hysgrifennu yn ei law ef ei hun, a chopïau o lawer yn llaw ei fab James yn ogystal, yn awgrymu nad oedd yn gwbl ddihîd o'u tynged, 'chwaith.

Dechreuodd Evan ganu yn y cymdeithasau llenyddol a'r Eisteddfodau. ' . . . o oed cynnar tyfodd ynddo dueddiadau barddol,' meddai'r *Pontypridd Herald*, 'a'i gwnaeth yn gystadleuydd peryglus yn y cylchoedd barddol. Bu i'w rwyddineb yn llunio englynion beri i Nathan Dyfed ddweud wrth Mr James James, ei fab, pan fyddai ei dad farw y byddai ysbryd yr englyn farw gydag ef.' Yn ddiamau yr oedd yn englynwr rhwydd a chynghaneddwr swynol – yr oedd ganddo hoffter arbennig o'r fwyaf swynol o'r cynghaneddion, y Gynghanedd Sain. Ei wendid oedd methu cyfyngu ei hun i un englyn gwir drawiadol a chawn gyfres o englynion wrth iddo fethu cyfyngu ei neges a tharo'r hoelen ar ei phen. Ar ei orau

the English historian, Sharon Turner, author of History of the Anglo-Saxons. *Later editions – although not the first – of this work include an appendix entitled* A Vindication of the Ancient British Poems, *which makes a specific reference to the Triads. The report in the* Monmouthshire Merlin *also says that Evan referred to 'libellous allegations against the character and chastity of the fair sex of Wales' – an obvious reference to the report into the state of education in Wales, frequently referred to as* The Treason of the Blue Books.

Also among extant volumes owned by Evan are bound volumes of the 1861 and 1863 editions of The British Controversialist and Literary Magazine *– a freethinking journal discussing in depth and detail such topics as:* Is The House Of Lords Beneficial To The Country?; Do We Need Ministers?; Is The Permanent Connection Of The British Colonies With The Mother Country Desirable? *It also included discussions on industrial and commercial issues, such as the inventions of James Watt and the tardy take-up of steam as a source of energy. Evan James as well as being steeped in the history of the past was equally open to contemporary ideas. The* Pontypridd Herald, *in its obituary said he 'possessed a hard common sense which never failed him, and with this sound quality was combined the innocence of a child'. This innocence is evident in his poetry.*

Although he wrote an impressive number of poems, only a handful was ever published. These include the words of Hen Wlad Fy Nhadau; *the series of* englynion *to the Aberdare market building and a poem to the industrialist Richard Fothergill, both published in* Gardd Aberdâr *(1854); and one poem that appeared in* Yr Iforydd. *A few more were published in* Cymru *(1915), long after his death. It may be that this shy man made no real effort to add at leisure that little lustre that could have transformed much of his work. That there is among his National Library manuscripts a list of his poems in his own hand, as well as copies in the hand of his son James would suggest, however, that he was not without some concern for their fate.*

He began by submitting his poems to the local Eisteddfodau and literary societies. 'From an early age he showed poetic tendencies that made him a formidable competitor in bardic circles,' noted the Pontypridd Herald *at the time of his death. 'The ease with which he would compose an* englyn *caused Nathan Dyfed to tell*

mae'n dda iawn ond mae rhywun yn teimlo dro ar ôl tro y buasai ei waith wedi elwa o ychydig gymhenu a thocio.

Pwy felly oedd ei athro barddol, ymhle y dysgodd gynganeddu? Bu dylanwad Caledfryn a'i golofn farddol yn *Y Gwladgarwr* yn bwysig gychwyn ail hanner y bedwaredd ganrif ar bymtheg. Ond yr oedd Evan wedi hen feistroli'r grefft erbyn hynny. Yn sicr buasai'n adnabod athro barddol Islwyn, Aneurin Sion – Aneurin Fardd, ar ôl yr hwn yr enwyd Aneurin Bevan. Ond yr oedd Evan dros ddeng mlynedd yn hŷn nag Aneurin. Pwy ŵyr na ddysgodd ei hun gynganeddu gyda chymorth *Cyfrinach Beirdd Ynys Prydain* Iolo Morganwg? Ni chyhoeddwyd y gyfrol honno tan 1829 ychydig wedi marw Iolo. Buasai Evan yn ugain oed erbyn hynny. Y mae'n ffaith bod rhai copïau mewn llawysgrif yn cylchredeg ymhell cyn hynny. Llwyddodd beirdd dros y blynyddoedd i ddysgu eu hunain i gynganeddu allan o lyfr, er nad yw *Cyfrinach* Iolo yn ôl safonau heddiw y mwyaf hwylus o lawlyfrau dysgu crefft Cerdd Dafod. Eto, beth bynnag ddywed ysgolheigion ein hoes ni, yr oedd Dafydd Morganwg, awdur *Yr Ysgol Farddol* yn honni yn ei *Hanes Morganwg* mai *Cyfrinach Beirdd Ynys Prydain* oedd y llyfr gorau o dipyn ar reolau Cerdd Dafod. Yr oedd yng nghymoedd gorllewinol Gwent, bryd hynny, ddigon o feirdd, caeth a rhydd, i roi Evan ar ben y ffffordd, fel ag yr oedd i addysgu Islwyn na chafodd ei eni tan 1832. Cawn gan Evan yn y gerdd gyntaf y gwyddom amdani o'i waith, *Y Gaeaf*, cerdd rydd, aml linell gynghaneddol ei thinc (tud 86). Buasai oddeutu 21 oed pan luniodd y gerdd hon. Ymhen blwyddyn cawn brawf iddo feistroli mesur yr englyn a'i fod yn cynghaneddu'n rhwydd. Yn wir, mae ei hoffter o'r gynghanedd fel pe wedi'i feddiannu ac y mae'n cynghaneddu tribannau – bob un llinell yn aml, nid yn unig y llinell olaf nad yw'n anarferol gan fod gofynion yr odl gyrch bron yn cymell hynny. Ryw bymtheng mlynedd yn ddiweddarach, ym 1846, cawn gerdd ganddo i'r Doctor William Price, cerdd mewn mesur rhydd ond bod pob llinell yn cynghaneddu – y gynghanedd sain, ei hoff gynghanedd, bob tro (tud. 124).

Fel y gwelir ceir llawer o'i gerddi ar destunau gwladgarol, yn bleidiol i'r iaith, tebyg eu neges i'r hyn a gawn yn *Hen Wlad Fy Nhadau*. Soniais fod ganddo gerddi ar dderwyddaeth ac y mae elfen ramantaidd gref i gerddi eraill. Diddorol canfod nifer o

his son Mr James James, that when his father would die, the spirit of the englyn would die with him.' He was certainly a fluent writer of englynion *and his lines were often melodic – he had a particular love for the most musical of the* cynghaneddion, *the* sain, *which combines internal rhyme with repetition of consonants. His weakness again is that lack of polish and an inability to produce one single truly striking stanza as he proceeds to write eight or ten* englynion, *struggling to make a telling point. At his best he is very good, but his poems would have been all the better for some careful pruning.*

So who was his poetic mentor, how did he master the intricacies of the cynghanedd? *Caledfryn, and his poetry column in the Aberdare-based journal,* Y Gwladgarwr, *was influential in the mid-19th century. But Evan had long perfected his craft by then. He would have known Islwyn's poetry teacher, Aneurin Jones – Aneurin Sion or Aneurin Fardd – after whom Aneurin Bevan was named. Again Evan was ten years older than Aneurin. He may well have been self-taught with the aid of Iolo Morganwg's Cyfrinach Beirdd Ynys Prydain (The Secrets of the Poets of the Isle of Britain). It was not published until 1829, a few years after Iolo's death, by which time Evan would have been twenty. It is also known that manuscript copies of the book were in circulation prior to its publication. Many poets have taught themselves to write* cynghanedd, *although Iolo's* Cyfrinach *is not the most accessible of poetry manuals for those who aspire to write in traditional Welsh metres. Yet, whatever the opinions of current academics, Dafydd Morganwg, author of* Yr Ysgol Farddol *(The Bardic School) would claim in his history of Glamorgan that Iolo's* Cyfrinach *was by far the best book for learning the rules of* cynghanedd. *There were also, in the western valleys of Gwent, many poets who would have given Evan a helping hand, as there were to assist Islwyn who came later. We find strong echoes of* cynghanedd *in many lines of one of Evan's very earliest poems, Y Gaeaf (The Winter), page 87. Written in 1830-31 the rhyming is regular but it is not in traditional Welsh metre. He would have been about 21 at the time. A year later he has mastered the craft of the* englyn *and appears consumed with love of the* cynghanedd. *He writes the traditionally free-verse* Tribannau Morgannwg *with every line in the strict metre. In 1846, some fifteen years later, he was writing a poem in praise of Doctor William Price, a poem in*

gerddi ar destunau diwydiannol. Buasai hyn yn gydnaws â'i waith bob dydd ac yn wir â'i dueddiadau gwleidyddol. Eto yr oedd testunau o'r fath yn cael eu gosod yn fynych mewn eisteddfodau yng nghymoedd y de, ynghyd â cherddi o glod i ambell ddiwydiannwr amlwg. Cawn gerdd gan Evan i Richard Fothergill y bûm yn pendroni'n hir ai dychan oedd ei fwriad gan mor hael y ganmoliaeth. Deuthum i'r casgliad nad dyna ei fwriad er gwaetha'r ormodiaeth. Cawn rai cerddi ymddiddan ganddo, ffurf boblogaidd o ddifyrrwch yn perthyn i'r traddodiad llafar, cerddi i'w canu ar alawon poblogaidd. Llunioddd lu o gerddi i'w canu i alawon, yn fynych ar gyfer achlysuron fel ciniawau ac eisteddfodau'r Iforiaid.

Perthynai Evan James yn olyniaeth y dynion hynny a alwodd y diweddar Gwyn A. Williams yn radicaliaid cyntaf y De. Gŵr yn llinach y dawnus ac athrylithgar Lewis Hopkin o Landyfodwg (1708-1771); William Edwards (1719-1789), Eglwys Ilan, adeiladydd pont enwog Pontypridd a chynllunydd Treforys; Dafydd Niclas (1705-1774) y bardd ddaeth maes o law yn athro teulu Aberpergwm; Sion Bradford (1706-1785), Betws Tir Iarll; ac Edward Ifan (1716-1798), Ton Coch, ffermwr a chrefftwr a bardd arddderchog yn y mesurau caeth. Gellir gweld y tebygrwydd rhwng Lewis Hopkin a'r rhain â lladmeryddion yr Oleuedigaeth mewn amryw wledydd eraill yn yr un cyfnod. Y dynion busnes a'r crefftwyr yn Llundain; ffermwyr llengar, cyfreithwyr a chrefftwyr America Benjamin Franklin – ac yng Nghymru, ym Mro ac ym Mlaenau Morgannwg, yr oedd gwŷr o gyffelyb anian. Yr oedd Lewis Hopkin yn amaethwr, saer, siopwr, saer maen – a bardd – dyn â'i ffermdy'n llawn llyfrau Cymraeg, Saesneg, Lladin a Ffrangeg. Yn ôl G. J. Williams 'bu ddwywaith yn Llundain ac ymwelai â Bryste yn aml, lle yr oedd ganddo rai cyfeillion pur ddylanwadol'. Ni pherthynnent i fan na chyfnod y chwyldro diwydiannol oedd i ddod er yn ymdeimlo a chynnwrf yr awelon oedd yn dechrau chwythu o gyfeiriad Merthyr, Aberdâr ac Abertawe. Yn grefyddol, hefyd, yr oedd syniadau diddorol yn cyniwair. Yr oedd syniadau deïstaidd y Ffrancwr Constantin François Volney'n cael eu cyfieithu i'r Gymraeg a'u cyhoeddi gan Morgan John Rhys yn y *Cylchgrawn Cymraeg* ym 1793. Sy'n dod a ni i gwmni David Williams (1738-1816) – un arall o blant Caerffili ac un o ladmeryddion yr Oleuedigaeth a deïstiaith – a gyhoeddodd ei gredo'n gryno yn y

what would appear to be free – but rhyming – verse with every line in his favourite cynghanedd sain *(p. 125).*

Many of his poems are patriotic, supportive of the language, similar in sentiment to Hen Wlad Fy Nhadau. *He wrote poems in praise of druidism and there is a romantic element to other poems. He also wrote on industrial themes compatible with his interests as a small industrialist who once employed as many as a dozen people, as well as poems reflecting his political views. Such subjects would have been set for literary competitions in the eisteddfodau, likewise poems in praise of prominent industrialists. Evan's poem for Richard Fothergill published in* Gardd Aberdâr *is not untypical, although so excessive in praise that I pondered for some time as to whether it might have satirical undertones. On balance he was probably sincere enough in his intentions. He wrote many poems in dialogue, a popular form of entertainment with its origins in the oral tradition, and words to be sung to the popular melodies of the time. Many of these would have been performed at the dinners and eisteddfodau of the Ivorites.*

Evan James came in the wake of what the late Gwyn A. Williams called the first phase of South Wales radicalism. He followed in the succession of Lewis Hopkin (1708-1771) of Llandyfodwg, a 'man of universal genius . . . for literature and mechanics'; William Edwards (1718-1789) the Pontypridd bridge builder and planner of Morriston; Dafydd Nicholas (1705-1774), the scholar-poet who became tutor to the Williams family of Aberpergwm; John Bradford (1706-1785) of Bettws Tir Iarll, contributor to the Gentleman's Magazine *and a man as enthusiastic for the poetry and antiquities of Wales as he was for the English and French classics; and Edward Ifan (1716-1798), Ton Coch, a farmer-craftsman, Unitarian minister and probably the best poet in the traditional metres of them all. It is possible to see similarities between these men and others who nurtured the 18th century Enlightenment in other countries. These were the tradesmen and artisans of the London Corresponding Society and the literate farmers, attorneys and small town artisans of Benjamin Franklin's America – and in the Vale and Uplands of Glamorgan there were like-minded men. Lewis Hopkin had been apprenticed to a joiner and carpenter, he was also a glazier, stone mason, shopkeeper, farmer – and poet. According to his son 'he could exercise any trade that he had seen better than most of its*

geiriau 'Credaf yn Nuw; Amen'. Ymhlith y dosbarth bychan –
ond dethol – hwn o grefftwyr, masnachwyr bychain a gwŷr
proffesiynol cyn-chwyldro diwydiannol yr oedd Undodiaeth yn
gryf. Undodiaeth a symudodd i'r ardaloedd poblog
ddiwydiannol gan ddod maes o law yn rym deallusol o
ddylanwad ym mysg y Siartwyr. Os bychan oeddynt mewn nifer
yr oedd dylanwad y radicaliaid cynnar hyn yn fawr. Treiddiodd
eu syniadau radicalaidd annibynnol, dosbarth canol, yn ddi-dor
i'r canolfannau poblog newydd diwydiannol. Tyfodd ei
dylanwad yn yr 1820au a rhoi i ni'r radicaliaeth a gysylltir â'r
cymoedd diwydiannol, er i ni anghofio'n fynych mai tyfu a
wnaeth o radicaliaeth hŷn â'i wreiddiau ymysg crefftwyr,
masnachwyr bychain, amaethwyr a gwŷr proffesiynol oedd yn
ymgasglu'n y trefi bychain, gwledig.

Dyn o gyffelyb dueddiadau oedd Evan James, er o gyfnod
diweddarach. Er ei fod yn ddïau yn gyfarwydd â threfi poblog
fel Merthyr ac Aberdâr, mewn mannau oedd yn parhau yn
bentrefol, o ran maint a naws, y bu byw: Caerffili, Argoed a
Phontypridd. Yn ystod degawd olaf bywyd Evan y dechreuodd
y dref dyfu o ddifri. Hawdd gweld gymaint oedd yn gyffredin
ym mywydau a diddordebau Lewis Hopkin ac Evan James, er
na ellir honni bod Evan o ran gallu yn gydradd â Lewis. Eto, y
mae Evan fel Lewis yn grefftwr, yn ddarllenwr ac o ran crefydd
tebyg iddo fynd gam ymhellach nag Undodiaeth cyfeillion
Lewis i ddeïstiaeth cyfnod diweddarach. Mae ei gerddi am
Dderwyddiaeth yn awgrymu hynny ac mai yng ngharfan
Ddeïstaidd David Williams y buasai fwyaf cartrefol.

Ymysg ei ryddiaith ceir traethawd a anfonodd i
gystadleuaeth yn Eisteddfod a gynhaliwyd yn Nhafarn y Lamb,
Pontypridd. Ar sail cyfeiriad ganddo at streic yn Aberdâr ym
1857/8 mae'n bur debyg iddo sgrifennu'r traethawd tua 1861. Y
testun yw *Effeithiau y mae 'sefyll allan' yn ei wneud ar y meistri
a'r gweithwyr*, h.y. streicio. Heblaw am rai ffigurau am gynnyrch
diwydiant Cymru, glo a haearn yn benodol, sy'n rhyfeddol o
anghywir, mae'n waith sy'n dangos ôl cryn ddarllen. Mae'n
amlwg ei fod yn gyfarwydd â gweithiau'r ddau gyfaill Albanaidd
Adam Smith (1723-1790), lladmerydd mawr polisïau
economaidd a chymdeithasol y farchnad rydd sy'n parhau'n
ffasiynol mewn rhai cylchoedd, a'r athronydd David Hume
(1711-1776) – hyd yn oed os nad oes argoel iddo ddarllen

professors'. His farmhouse was full of books – Welsh, English, Latin and French. According to Griffith John Williams 'he had been twice to London and often visited Bristol, where he had quite influential friends'. These men did not belong to the time or place of the industrial revolution but they would have felt the tremors of change from Merthyr, Aberdare and Swansea. In religion, too, there was a fermentation of radical ideas. The works of the French deist Constantin François Volney were being translated into Welsh and published in 1793 by Morgan John Rhys in Y Cylchgrawn Cymraeg *(The Welsh Magazine). Which brings us to David Williams (1738-1816), another son of Caerphilly, an advocate of the Enlightenment and who summed up his deist credo succinctly – 'I believe in God. Amen'. This small, select, but influential class of artisans, small tradesmen and pre-industrial revolution professional men were comfortable in their Unitarianism. The Unitarianism, which had come from Carmarthenshire and Cardiganshire, spread to the urban industrial towns to become in time an intellectual force within Chartism. Their numbers were small but the influence of these early radicals was great. Their independent, radical, middle-class ideas adapted seamlessly to the new industrial centres. Their influence grew in the 1820s into the radicalism associated with the industrial valleys, although it is forgotten that it had its roots in an older radicalism and ideas of democracy among the artisans, minor tradesmen, farmers and professional men who had gathered in the small towns.*

Evan James came slightly later, but he inherited those ideas. He would have known the urban conurbations of Merthyr and Aberdare, but he lived most of his life in small towns and villages. Caerphilly was still a small town, Argoed a village and Pontypridd did not develop into a sizeable town until the final decade of his life. It is easy to see how much Evan and Lewis Hopkin had in common. Evan was a skilled craftsman – a weaver, brewer and harp-maker – and a widely read man, poet and probably a harpist. Theologically, Evan, as revealed in his poems on Druidism, went beyond the Unitarianism of Lewis's contemporaries. His spiritual home may have been in the deism of David Williams.

Among his manuscripts is an essay he sent to an Eisteddfod held in The Lamb, Pontypridd. His subject was The Effects of Strikes on the Masters and Workers. *A reference to a strike in Aberdare in 1857/8 suggests that it was written around 1861. Apart*

gwaith athronwyr ac economegwyr nes at ei oes ei hun. Dadleua Evan y dylid symud pob rhwystr oddi ar ffordd masnach gyffredinol, 'yr hyn a gynhyrfa ac a symbyla ddiwydrwydd hyd yr eithaf'. Fe'i cawn yn codi pwynt allan o *A Treatise of Human Nature* Hume, cyn mynd rhagddo i ddyfynnu 'yr enwog' Hume: 'Yna, fe gedwir dynion mewn gwaith yn wastadol, a mwynhant fel eu gwobrau, y gwaith ei hunan, yn ogystal â'r pleserau hynny ag ydynt yn ffrwythau naturiol eu llafur.'

O ran gwleidyddiaeth a daliadau hawdd credu fod dylanwad syniadau'r Sais Tom Paine (1737-1809) arno hefyd. Yr oedd Paine, fu farw ym mlwyddyn geni Evan, hefyd yn un a ddadleuai o blaid deïstiaeth. Tueddir o hyd i ystyried Paine yn chwyldroadwr eithafol, oherwydd, mae'n debyg, ei wrthwynebiad i frenhiniaeth a'i gefnogaeth i syniadau gweriniaethol yn Ffrainc ac America. Hefyd, Paine oedd y cyntaf mewn llyfr – *Age of Reason* – i gyhoeddi'n groyw mewn iaith ddealladwy i'r bobl gyffredin, nad oedd y Beibl yn air Duw. Yr oedd tlodi'n ffaith, ond cyflwr oedd i'w ddatrys nid rhywbeth i rai ddianc rhagddo. Credai y dylai dyn fwynhau ffrwyth ei lafur. Ac o safbwynt syniadau eraill prin y buasai unrhyw berson gwleidyddol ryddfrydig yn anghytuno â'i gred mai heddwch, gwareiddiad a masnach yw'r ateb i broblemau'r byd; mai rhyfel a threthi uchel sydd wrth wraidd pob drwg ac mai drwy antur breifat y deuwn i'r cyflwr hwnnw a ddymunai. Rwyn amau a fuasai Evan yn anghytuno ag un o'r daliadau hyn – wn i ddim beth oedd ei safbwynt ar fater y frenhiniaeth, ond tebyg bod y ffaith na chyfeiriodd ati yn unman yn arwyddocaol. Mae rhai o gerddi Evan, fel *Cân yr Adfywiad (Ar Agor y Gledrffordd newydd yng Nghymdogaeth y Bontnewydd a Mynwent y Crynwyr)* a sgrifennodd ym 1841, yn adlewyrchiad teg o syniadau Paine am ddiwydiant, antur breifat a hawl y gweithiwr i fwynhau ac elwa o ffrwyth ei lafur.

I ddychwelyd at David Hume am funud, er cymaint dylanwad Hume ar ei gyfoeswyr – Adam Smith ac Immanuel Kant (1724–1804), a Jeremy Bentham (1748-1832) a Charles Darwin (1809 – 1882) o genhedlaeth ychydig yn ddiweddarach – cafodd ei feirniadu yn ystod ei oes ei hun am fod yn anffyddiwr, neu o leiaf yn agnostig. Mae'n ddiddorol, felly, fod Evan James yn mwy na pharod i bori yng ngweithiau awdur a

from some oddly inaccurate figures of Welsh industrial production – notably coal and iron – the essay reveals an interesting breadth of reading. Evidently, he was familiar with the works of the two Scottish friends, the philosopher David Hume (1711-1776) and Adam Smith (1723-1790), the great advocate of the economic and social influences of the free market still in vogue in certain circles to this day. There is, however, no evidence that he was reading the works of economists of his own time. Evan argues that all barriers 'to free trade, which spurs and stimulates the utmost industriousness', should be removed. He cites Hume's A Treatise of Human Nature *and proceeds to quote 'the celebrated' Hume:* 'Then, men will be kept continuously in work, and they shall enjoy their rewards, as well as those pleasures which are the natural fruits of their labours.'

Politically, we may assume that he had been influenced by the ideas of the Englishman Tom Paine (1737-1809). Paine, who died in the year Evan was born, was another advocate of deism. Paine is still viewed by some historians as an extreme revolutionary, possibly due to his opposition to the monarchy and his support for French and American republicanism. Also Paine's The Age of Reason, *to quote Eric Hobsbawm,* 'became the first book to say flatly, in language comprehensible to the common people, that the Bible was not the word of God.' *Poverty was a collective fact, not a problem to escape from but one to be solved. Paine believed man should enjoy the fruits of his labour. Evan's poems reveal full agreement with such sentiments. Nor would Evan disagree with Paine's view that war and high taxes were at the root of evil and that* 'Universal peace, civilization and commerce' *was the answer to the world's ills. There are no indications as to Evans's views on the monarchy but the fact that there is no reference to it in all his poetry, and particularly Hen Wlad Fy Nhadau, is revealing. Evan's poem on* The Revival that will come from the New Railroad in the vicinity of Newbridge and Quaker's Yard *(p. 135) written in 1841, is a fair reflection of Paine's ideas on industry, private enterprise and the right of the worker to enjoy the fruits of his labour.*

To return for a moment to David Hume. In spite of his influence on his contemporaries – Adam Smith and Immanuel Kant (1724-1804), and Jeremy Bentham (1748-1832) and Charles Darwin (1809-1882) from a slightly later period – he was

gyhuddid o fod yn anghrediniwr. Nodais yn *Gwlad Fy Nhadau* nad oes yn ein hanthem yr un cyfeiriad at Dduw – (na brenhiniaeth!) – a hwyrach bod hynny yn un rheswm pam y bu ambell ymgyrch i'w disodli gan, ymysg eraill, *God Bless the Prince of Wales, Cofia'n Gwlad, Benllywydd Tirion* a *Tros Gymru'n Gwlad*. Wn i ddim i ba raddau y gwyddai gwerin Cymru fod awdur ein Hanthem Genedlaethol yn fawr o grefyddwr – agnostig efallai, neu ar y gorau un fuasai fwyaf cartrefol yng nghorlan Ddeïstaidd David Williams, Caerffili. O leiaf ni ellir cyhuddo Evan o sgrifennu anthem anghymarus a'n hoes ni. Tebyg y bu anwybodaeth gweddill Cymru am fywyd Evan James o gymorth yn sicrhau llwyddiant a phoblogrwydd cynnar i'n hanthem ardderchog.

Yr oedd y bregeth a draddodwyd yn ei angladd gan y Parch Edward Roberts, gweinidog capeli'r Bedyddwyr, Carmel a'r Tabernacl, Pontypridd, yn un ryfedd, a dweud y lleiaf. Bu Roberts dros y blynyddoedd yn llawdrwm ar 'neo-dderwyddiaeth' Pontypridd. Prin yw cyfeiriadau'r bregeth at Evan ei hun. 'Dyn yn cael ei barchu gan ei deulu oedd Evan James, a hynny nid heb achos. Yr oedd yn briod tyner, ac yn dad gofalus,' meddai mewn un man. Ac yna: 'Bu yn gymydog da a charedig. Ni wnaeth niwed i'w gymdogion ond gwnaeth lawer caredigrwydd a hwynt. Yr oedd ei ymddygiad gonest a chymdogol yn dylanwadu yn dda ar eraill, a'i esiampl yn gwneuthur llês i gymdeithas . . . Dyn fel hyn oedd ein cyfaill Evan James, cymydog da, cymwynasgar, a haelionus ac yr ydym fel cyd-drefwyr yn teimlo colled ddwys o'i golli.' Dyna i gyd!

Cododd ei destun o Job XIV, adnod 14: Os bydd gŵr marw a fydd efe byw drachefn?

Mae rhan helaethaf y bregeth yn swnio i mi fel cais i argyhoeddi'i gynulleidfa o fodolaeth bywyd tragwyddol, bod bywyd wedi marwolaeth. Nodir yn adroddiad y *Pontypridd Herald* am yr angladd fod cynrychiolaeth fawr o blith Yr Iforiaid yn yr angladd. Nid wyf yn sicr bod Evan yn anffyddiwr, ond a oedd yn bresennol yng nghapel Carmel y diwrnod hwnnw garfan sylweddol o anffyddwyr a bod Edward Roberts yn achub ar ei gyfle gyda chynulleidfa nad oedd yn arferol i'w gweld mewn capel nac eglwys. Cyfeiriais yn *Gwlad Fy Nhadau* at adroddiad a ymddangosodd yn *The Cambrian*, Gorffennaf 6, 1860, o Eisteddfod y Maen Chwŷf, Alban Hefin, y flwyddyn

*criticised during his lifetime for being an atheist, or at best an
agnostic. Yet Evan James was happy to browse in the works of one
openly accused of atheism. I have made the point before that our
anthem contains no reference to God – (nor monarchy!) – which
may explain why there have been occasional attempts to replace it
with, among others,* God Bless the Prince of Wales, *Elfed's hymn*
Cofia'n Gwlad, Benllywydd Tirion *(Remember Our Country,
Gentle Sovereign) and Lewis Valentine's words* Tros Gymru'n
Gwlad *(For Wales Our Country) to the tune Finlandia. It is
debatable to what extent the people of Wales were aware that the
author of our National Anthem was not a religious man – an
agnostic perhaps, or at best a deist in the tradition of David
Williams, Caerphilly. (At least no one can accuse Evan of writing
words not congenial to contemporary Wales.) But had the people
of Wales at the time known more about Evan and James James we
can only wonder whether their great work would have acquired
such early success and popularity.*

*The sermon delivered by the Rev Edward Roberts, minister of
Carmel and Tabernacle Baptist Chapels, Pontypridd, at the
funeral of Evan James, was at best an odd one. Over the years
Roberts had wrathfully thundered from the pulpit against the
Pontypridd 'neo-druids'. In the funeral sermon there are very few
references to Evan himself. 'Evan James was a man respected by
his family; and not without cause. He was a gentle husband, and
a caring father,' he says on one occasion. And then: 'He was a
good and kind neighbour. He did no harm to his neighbours but
he showed them much kindness. His honest behaviour and
neighbourliness was a good influence on others, and his example
was beneficial to society . . . Such a man was our friend Evans
James, a good neighbour, kindly and generous and as fellow
townspeople we are aware of a profound loss at his departure.'
That was all!*

*He took as his text Verse 14 from Chapter 14 of the Book of
Job:* If a man dies, can he live again? *For the most part he
appeared to be taking advantage of the opportunity to argue the
case for life after death. The* Pontypridd Herald *reported that the
Ivorites were well represented at the funeral. I cannot be sure that
Evan was an atheist, but was there in Carmel Chapel that
afternoon many who openly professed to be atheists and was
Edward Roberts making the most of his captive audience, people*

honno. Sonnir yn arbennig am dair 'darlith huawdl a dysgedig' – dwy Gymraeg ac un Saesneg – er na cheir dim gwybodaeth am eu cynnwys, dim ond ei teitlau. Gellir dyfalu rhywfaint am eu cynnwys o'r teitlau hynny. Cafwyd darlith gan William John (Mathonwy) ar y testun *Dyn, Y Datblygiad Uchaf Mewn Natur* – flwyddyn wedi cyhoeddi *Origin of Species* Charles Darwin a oedd darlith Mathonwy, tybed, yn cefnogi'r ddamcaniaeth newydd? Adroddir bod Gwilym Llancarfan wedi rhoi darlith Saesneg ar ddaeareg. Gallasai, wrth gwrs, petae wedi ei thraddodi ym Merthyr neu Rondda fod yn ddarlith am gloddio am lo. Ond mae posibilrwydd arall – gan mai ym Mhontypridd y traddodwyd hi. Daearegwyr oedd y cyntaf i wrthbrofi'n gyhoeddus a gwyddonol gred y Creadyddion fod Duw wedi creu'r byd 4,000 o flynyddoedd yn ôl. Cafwyd darlith gan T. ab Iago (Tomos ab Iago, brawd ieuengaf Evan o bosib?) ar y testun *Y Budd a Ddeilliaw o Eisteddfodau Drwy Ehangu Gwybodaeth a Moesoldeb.* A oedd T. ab Iago yn adlewyrchu cred oedd yn dechrau ennill bri mewn rhai cylchoedd bod sail wyddonol, yn ogystal â Christnogol – i foesoldeb? Ceir tystiolaeth gadarn tra bod capeli ar gynnydd yn yr 1850au yng ngweddill Cymru, eu bod ar i lawr ym Mhontypridd. Aeth B. D. Johns, yn ei *Early History of the Rhondda Valley: Baptist Centenary, Pontypridd 1810-1910* cyn belled a honni bod y don o dderwyddiaeth newydd a sgubodd dros yr ardal rhwng 1866 ac 1876 wedi achosi dirywiad mawr yn nifer aelodau'r capel. Hawdd credu bod Edward Roberts wedi dal ar ei gyfle yn ei bregeth angladdol ddydd claddu Evan James!

Aeth blynyddoedd heibio a dechreuwyd ystyried codi cofeb i Evan a James ond yr oedd blynyddoedd cynnar yr ugeinfed ganrif yn flynyddoedd tlawd, daeth y Rhyfel Mawr wedyn ac ym 1930 y dadorchuddiwyd y gofeb o waith Syr William Goscombe John ym Mharc Ynysangharad, Pontypridd. Mae hanes hynny yn bur llawn yn *Gwlad Fy Nhadau*, felly ni wnaf ei ail-adrodd. Yr oedd Evan ac Elizabeth James wedi eu claddu ym mynwent Capel Carmel ar waelod y Graig-wen, Pontypridd, capel a drôdd yn Saesneg ei iaith hyd yn oed yn ystod bywyd y ddau. Capel Cymraeg y Bedyddwyr oedd y Tabernacl, sydd bellach yn Amgueddfa Pontypridd. Erbyn y pumdegau roedd pobl yn poeni am gyflwr bedd y ddau a chychwynnodd ysgrifennydd Carmel, W. T. H. Gilmore, Albanwr a fu byw yn Nhrehopcyn er

who normally did not attend a place of worship? I referred in Land of My Fathers *to a report in* The Cambrian, *July 6, 1860, of an Eisteddfod held at the Rocking Stone on the longest day of that year. There is mention of 'three eloquent and learned lectures', two in Welsh and one in English. We are told nothing of their content, merely the titles – but these titles are revealing and give room for some conjecture. Mathonwy (William John) lectured on* Man, The Highest State of Evolution in Nature – *a year after the publication of Charles Darwin's* Origin of Species *was Mathonwy giving his support to the new theory? Gwilym Llancarfan is reported to have delivered a lecture in English on geology. It may, perhaps, have been to do with fault lines and coalmining. That could have been a likely explanation had the lecture been delivered in Merthyr or Rhondda. But as it was delivered in Pontypridd there is another plausible explanation. Geologists were the first to disprove publicly the Creationist belief that God created the World 4,000 years ago. T. ab Iago – Tomos ab Iago, Evan's youngest brother? – lectured on* The Benefit that Emanates from Eisteddfodau by Extending Knowledge and Morality. *He could have been responding to the attacks on the eisteddfodau in the* Blue Books, *published more than ten years earlier. On the other hand he could have been reflecting a belief that was gathering pace in certain circles that there is a scientific as well as Christian basis for morality. There is evidence that while chapel membership was on the increase in most parts of Wales, it was in decline in Pontypridd. B. D. Johns, in his* Early History of the Rhondda Valley: Baptist Centenary, Pontypridd 1810-1910, *admitted that the new Druidism that swept through the district between 1866 and 1876 resulted in a great decline in chapel congregations. It certainly could be argued that the Rev Edward Roberts may have been making the most of his opportunity at Evan James's funeral!*

The years went by and plans were made to build a memorial for Evan and James, but there was widespread poverty in the early years of the 20th century. The Great War came and it was not until 1930 that Sir William Goscombe John's memorial depicting the muse and song in Ynysangharad Park, Pontypridd, was unveiled. I have dealt with that story at some length in Land Of My Fathers, *so I will not repeat myself. Evan and Elizabeth James had been buried in Carmel Cemetery at the bottom of Graigwen, Pontypridd, a chapel that had switched from Welsh to English*

1919, ymgyrch i dacluso'r fynwent a chreu Gardd Goffa. Cafodd gefnogaeth frwd Clive Henley, Cymro di-Gymraeg oedd yn ysgrifennydd cangen Pontypridd o Blaid Cymru ac ymgyrchydd brwd dros addysg Gymraeg yn y dref, a berswadiodd holl ganghennau Plaid Cymru'r ardal i ymuno yn yr ymgyrch. Cytunodd y Parchedigion T. Alban Davies a L. Haydn Lewis, y ddau o Don Pentre, a Chyfarwyddwr Urdd Gobaith Cymru, R. E. Griffith, oedd yn enedigol o Gilfynydd, mewn cyfarfod yn Eisteddfod Llanelli, 1963, i ymuno yn yr ymgyrch. Ym 1968 gorffenwyd y gwaith diolch i gyfraniadau oddi wrth gymdeithasau, unigolion oedd yn cynnwys nifer o ddisgynyddion teulu'r Jamesiaid. Ond y flwyddyn wedyn, ym 1969, cyhoeddodd y cyngor fwriad i ledu'r ffordd a dymchwel Carmel. Ailgydiodd W. T. H. Gilmore, Clive Henley a'r pwyllgor yn eu hymdrechion ac wedi pum ymweliad â'r Swyddfa Gartref cafwyd caniatâd i symud gweddillion Evan ac Elizabeth James i'w hail-gladdu wrth droed y gofeb ym Mharc Ynysangharad, ar Orffennaf 1, 1973. Wedi 20 mlynedd o ymgyrchu yr oedd W. T. H. Gilmore, bellach yn henwr 79, unig ymddiriedolwr bedd awdur ein Hanthem Genedlaethol, yn ŵr bodlon â'i gydwybod yn dawel.

Gallwn ninnau fod yn dawel ein meddyliau fod cofeb a gorffwysfa deilwng i awdur geiriau ein hanthem genedlaethol yn un o barciau brafiaf y de.

during their lives. The Welsh Baptist Chapel was Tabernacle, now the Pontypridd Museum. By the 1950s there was concern about the state of their grave and the Secretary of Carmel, W. T. H. Gilmore, a Scot who had lived in Hopkinstown since 1919, started a campaign to tidy the graveyard and create a Memorial Garden for Evan James. He received enthusiastic support from Clive Henley, not a Welsh speaker but an industrious campaigner for Welsh medium education in the town and Secretary of the Pontypridd Branch of Plaid Cymru. Mr Henley persuaded all the Plaid Cymru branches in the district to join the campaign. The Rev T. Alban Davies and the Rev L. Haydn Lewis, both from Ton Pentre, and the Director of Urdd Gobaith Cymru, Cilfynydd-born R. E. Griffith, met at the Llanelli Eisteddfod of 1963 to support the campaign. In 1968, the work was completed thanks to contributions from societies, individuals and descendants of the James family, which included Vivian Jenkins, the great Welsh rugby fullback and later Sunday Times rugby writer and broadcaster. But the following year, in 1969, the Town Council announced plans to widen Graigwen Road and demolish Carmel chapel. W. T. H. Gilmore, Clive Henley and the committee re-formed and following five meetings with the Home Office permission was given to exhume the bodies and re-bury Evan and Elizabeth James at the base of the memorial in Ynysangharad Park. This was done on July 1, 1973. After 20 years of campaigning, W. T. H. Gilmore, now a 79-year-old man and for years the only trustee of the grave of the author of our National Anthem, was a happy man with a clear conscience.

We, too, can rest assured that there is a worthy memorial and quiet resting place for the author of the words of our National Anthem in one of the most delightful parks of South Wales, almost within a stone's throw of the Rocking Stone where he and his fellow druids would gather.

CERDDI GWLADGAROL

Hen Wlad Fy Nhadau

Mae hen wlad fy nhadau yn annwyl i mi,
Gwlad beirdd a chantorion enwogion o fri,
Ei gwrol ryfelwyr, gwladgarwyr tra mad,
Dros ryddid collasant eu gwaed.

Gwlad, Gwlad, pleidiol wyf i'm gwlad.
Tra môr yn fur i'r bur hoff bau,
O bydded i'r heniaith barhau.

Hen Gymru fynyddig, paradwys y bardd,
Pob dyffryn, pob clogwyn, i'm golwg sydd hardd,
Trwy deimlad gwladgarol mor swynol yw si
Ei nentydd, afonydd i mi.

Gwlad, Gwlad, pleidiol wyf i'm gwlad.
Tra môr yn fur i'r bur hoff bau,
O bydded i'r heniaith barhau.

Os treisiodd y gelyn fy ngwlad dan ei droed,
Mae heniaith y Cymry mor fyw ag erioed,
Ni luddiwyd yr awen gan erchyll law brad,
Na thelyn berseiniol fy ngwlad.

Gwlad, Gwlad, pleidiol wyf i'm gwlad.
Tra môr yn fur i'r bur hoff bau,
O bydded i'r heniaith barhau.

*[Gweler fersiwn gwreiddiol **Glan Rhondda**, neu **Hen Wlad Fy Nhadau**
ar dudalen 244.]*

PATRIOTIC POEMS

Land Of My Fathers

The land of my fathers, the land of my choice,
The land in which poets and minstrels rejoice;
The land whose stern warriors were true to the core,
While bleeding for freedom of yore.

Wales! Wales! Favourite land of Wales!
While sea her wall, may nought befall
To mar the old language of Wales.

Mountainous old Cambria, the Eden of bards,
Each hill and each valley excites my regards;
To the ears of her patriots how charming still seems
The music that flows in her streams.

Wales! Wales! Favourite land of Wales!
While sea her wall, may nought befall
To mar the old language of Wales.

My country though crushed by a hostile array,
The language of Cambria lives out to this day;
The muse has eluded the traitors' foul knives,
The harp of my country survives.

Wales! Wales! Favourite land of Wales!
While sea her wall, may nought befall
To mar the old language of Wales.

[This translation was by Eben Fardd (Ebenezer Thomas). There is no date for it, although it was published in a leaflet along with the original words printed by Francis Evans, Pontypridd, possibly as early as 1858. It enjoyed no success.]

Anerchiad Ieuan ap Iago, Pont-tŷ-pridd i Gyfarch y Beirdd ar y Maen Chwŷf, Alban Elfed, Medi 28, 1850

O wir serch chwi anerchaf
Ar faen tew ger Afon Taf

Am wir addysg ymroddaf – yr orsedd
    O wirserch a berchaf;
    Is haul, ba orsedd meddaf,
    Sydd tu hwnt i Orsedd Taf?

Ei mwyniant, hoff y'i mennwyd – i ninnau'n
    Unig, perthyn hefyd,
    Gwŷr y Bont? – nage i'r byd
    Ei rhoddion wna gyrhaeddyd.

Angorau gwaith Angharad,
Digon gwir, hir ei pharhâd,
Ond tra môr ac angorau
'N'hiaith abl fo parabl ein pau.

Ein gorwych deidiau gwladgarol – gododd
    Y gadarn iaith swynol
    I fri – os byddwn ni'n ôl,
    Yr oes hon – mae'n resynol.

Mynn Brychan hyf a Myfyr,
Dau ddidwn, na fyddwn fyr
O noddi yn fwyn adden
A mawrhau iaith Cymry hen.

Arferion mad ein tadau – a'u gwiw ffrwyth
    Gyffry ein teimladau;
    Y mae gwedd ein carneddau,
    O'n cylch, yn ein bywiocàu.

Haf gwelwn y maen hwn mewn man hynod
I'r ofyddion a beirdd yn ryfeddod,
Cymry yn ddios a wnaeth ei osod

An address by Ieuan ap Iago, Pont-tŷ-pridd, to Greet the Poets at the Rocking Stone, September 28, 1850

I greet you in true affection
From a stout rock, by the river Tâf.

For true knowledge I strive – the gorsedd
   In true love I respect,
  Beneath the sun, what gorsedd I ask,
  Is greater than Gorsedd Tâf?

Its pleasure, a delight to impress – to us
   Alone, it, too, belongs,
  Men of the Bont? – no to the World
  Are its bounties extended.

Anchors of the Angharad works,
True enough, long may they last,
And while there are oceans and anchors
May our noble tongue be the speech of our land.

Our fine patriotic forefathers – raised
   The sound and musical tongue
  To dignity – if we fail
  In our age – it would be shameful.

At bold Brychan and Myfyr's insistence,
Two not given to prattling, let's not be tardy
In protecting fair and gently
And honour the tongue of the ancient Welsh.

The fine customs of our fathers – and their fitting fruit
   Stir our emotions;
  The sight of our peaks,
  Encircling, enlivens us.

In summer we see this rock in a place of note
For the ovates and poets a wonder,
The Welsh undoubtedly did place it

Er cynnal yma ddihafal ddefod.
Wele sarph ar le sy od – cu achles,
A chloi ei mynwes â cholomennod.

Dewr addysg roes y Derwyddon – didwyll
   I'n hen deidiau dewrion,
    A bu urddo ein beirddion
    Er gwell – ar y garreg hon.

Cydymdrechwn a noddwn eiddunol
Y gwir achos teilwng a gorwychol,
Codwn ein gorsedd hen a rhinweddol
O bur nwyf weithian i'w bri hynafiaethol,
Yn hyn na fyddwn yn ôl – fel yn fad
Erys ddylanwad i'r oes ddilynol.

Ymweliad y Bardd â'r Maen Chwŷf

O fardd, pa raid gymaint brys,
Ymorffwys ennyd awr,
Trwy rychiau'th wyneb rhed y chwys,
Ffrwyth ymegnïad mawr.
O dywed wrthyf i paham
Y cefnaist ar y glyn?
Byr, byr, yw'th anadl di a'th gam
Er cyrraedd pen y bryn.

Fy mab, 'th gynysgaethwyd di
Â llygaid ac a chlyw.
Pam y gofynaist hyn i mi,
'Nid Alban Hefin yw?
Gwladgarwch sy'n fy ngyrru 'mlaen
O'r glyn dros flodau heirdd,
Awyddus wyf am weld y maen
Lle mae cynulliad beirdd.

Os wyf yn hen a'm gwallt yn wyn
A'r chwys yn golchi'm grudd,
Ymdrechaf ddringo'r araul fryn
Cyn delo canol dydd.

To celebrate here unparalleled ritual.
Behold a serpent in a place that's strange – kind succour,
And doves locked in her bosom.

Heroic learning was given by the sincere – Druids
To our bold forefathers,
And our poets were ordained
For the good – on this stone.

Let us strive to protect
The true and worthy cause,
Raise up now our ancient and goodly gorsedd
Of pure vigour back to its old esteem,
In this let us not be tardy – so that well
May its influence continue to future generations.

The Poet's journey to the Rocking Stone

O poet, why do you haste,
Rest a moment now,
Through your furrowed face runs sweat,
The fruit of effort great.
Now tell me why
You left the vale?
Your breath and steps are short
Although you're on the hill's crest.

My son, you are endowed
With eyes and hearing,
Why do you question me like this,
On this the Summer Solstice?
Patriotism drives me forth
From vale through lovely flowers,
I wish so much to see the rock
Where poets gather.

If I am old and white my hair
And sweat does bathe my cheeks,
I strive to climb the sunlit hill
Before mid-day.

Rwyn caru hen ddefodau'n gwlad
A ddaeth o'r Nef i lawr,
Cyn hir try gobaith yn fwynhad
Gerllaw i'r Orsedd Fawr.

Ein teidiau hoff, prif heuliau'n gwlad,
Fu'n teithio ar eu hynt,
Er cynnal ein harferion mad
Yn yr hen oesoedd gynt.
Ac os wyf i a'm gwedd yn wyw
Rwyn teimlo gwres drwy'm gwaed
Nes gwneud fy ysbryd llesg yn fyw
I ddilyn ôl eu traed.

A! dyma'r maen lle gwelaf lu
O'n cyrrau wedi cwrdd,
Ofyddion a Derwyddon cu
A beirddion wrth y bwrdd.
Wenwynig ragfarn saf di draw
Tra cawn fwynhau ein gwledd,
Nis gelli di fyth siglo llaw
Â rhyddid pur a hedd.

Y Derwydd
(Tôn: Ar Fore Teg)

Ar fore teg tan ael y bryn
Canfyddais dderwydd barfog syn
Yn tremio'n athrist tua'r glyn;
Anturiais ofyn iddaw:
'O Dderwydd, gysegredig wedd
A barcha'r gwir, a feithrin hedd,
Ar foncyff crin pam gwnei dy sedd
Mewn prudd unigedd distaw?'

'Fy mab,' atebai'r Derwydd mad,
'Trwy fy ngwythiennau gwylltia'm gwa'd
Wrth ganfod rhagfarn, twyll a brad,
Dirywiad gwlad yr awen.

I love our country's ancient rites
That down from Heaven came,
And soon hope to pleasure turns
Beside the Great Throne.

Our fond ancestors, lights of our land,
Who travelled on these paths,
Upholding our customs fine
In ancient times.
And if my complexion is withered now
I feel the ardour in my blood
Restoring my weary spirit
To follow in their steps.

Ah! Here's the rock, I see the hosts
From all corners have arrived,
Ovates and Druids kind
And poets at the table.
Venomous prejudice stand afar
While we enjoy our feast,
Never may you clasp the hand
Of freedom nor of peace.

[This poem was probably written around 1845. It would appear
that Druidism was a subject of some controversy even then.]

The Druid

One morning, on the sloping brow,
I saw a Druid, long of beard,
Staring sadly at the vale.
I ventured asking him:
'Oh Druid, holy of countenance,
True, respectful, lover of peace,
Why, sadly on this withered log
You sit in lonely silence?'

'My son,' replied the goodly man,
'The blood flows wildly in my veins
Perceiving prejudice and treason,
Decline in the muse's land.

Pa ddrwg a wnes i'n cenedl ni
Sy'n ceisio iselhau fy mri
Os o gydwybod byddaf i
'N addoli tan y ddeilen?

'Enllibion gwawdlyd llawer rhai
O groth y wasg dardd yn ddi-drai;
Ymdrechion ofer brofi bai
Derwyddiaeth a'i diwreiddio.
O am weld gwawr yr oesau pell
Pan oedd ein gwlad yn ganmil gwell,
Cyn dyfod twyll penboethni hell
A dichell i'w chadwyno.

'Ymlaen yr âf, heb ofn ni'm dawr,
Er enllib gwŷr y murmur mawr,
E ffy pob lilipwtaidd gawr
Rhag treiddiawl mawr wirionedd.
Mae gwersi moesawl pur eu sail
Ymhlith y sêr, ymhlith y dail,
Drwy rym ein Peryf daeth diail
Drwy adail natur geinwedd.

'Pan deithiwyf wrth oleuni dydd,
O'r fath ddiddordeb imi sydd
Wrth ganfod blodau blydd
Ar feysydd natur helaeth.
A phan ddaw'r nos i dynnu'r llen
Dros wedd y rhain mi goda 'mhen
Er canfod disglaer lampau'r nen
Yn Llys Ceridwen odiaeth.'

*[Tebyg i'r gerdd hon gael ei sgrifennu tua 1845. Mae'n awgrymu, felly, bod Derwyddiaeth yn bwnc dadleuol yn y cyfnod, a bod Evan yn dangos ei gefnogaeth. Gweler yr alaw **Ar Fore Teg** ar dudalen 245.]*

What evil to our nation did
I, that it abuses me,
For worshipping beneath the oak
With clear conscience?

'Numerous the libels and contempt
– Futile efforts to find fault
And uproot ancient Druidism -
Flow from the press's womb.
To see the dawn of ancient times
– Better then a thousand times –
Before dark, foul fanaticism
Bound us in treachery.

'And without fear will I face
The libel of the murmuring men,
And Lilliputian giants will
Flee from the pure truth.
Moral lessons so profound
Seen in the stars, among the leaves;
By the Creator's endless power
Manifest in nature's beauty.

'When wandering in the light of day
Such wonder do I then perceive
Among the gentle, tender flowers
In nature's bounteous fields.
And when the night draws down its veil
From these I then shall cast mine eyes
To wonder at the heaven's lamps
In Ceridwen's exquisite court.

[This poem appears to have been written around 1856. Reports in the Welsh language press show that Myfyr Morganwg and John Williams (ab Ithel) had responded to disparaging comments about their activities at the Rocking Stone. Whether Druidism in general was under attack, the Druids of the Rocking Stone were certainly coming in for criticism. Evan James, here, springs to the defence of his fellow Druids. The poem was written to be sung to the tune **Ar Fore Teg** (On a Fine Morning).]

Y Bardd a'r Bugail

Bardd:
Os un o'm cenedl ydwyt ti,
Hen fugail pen y bryn,
O dyro'th wresog law i mi,
A gwasg yn dynn.

Bugail:
O fardd, hen Gymro aiddol wyf
Sy' groes i dwyll a brad,
Ni oddef fy ngwladgarol nwyf
I'm wadu'm gwlad.

Y Ddau:
Os gorfoledda'r gelyn
O ladd Llywelyn gynt ein Llyw
Yng ngwlad yr awen bêr a'r delyn,
Mae'n hiaith, mae'n hiaith yn fyw.

Bardd:
Proffwydodd rhai y bydd ein hiaith
Yn marw cyn bo hir,
Hyn ddaroganwyd lawer gwaith.
Pa beth sy' wir?

Bugail:
Yr hyn sy' wir – ceir yn ein mysg
Yr Eisteddfodau cu,
A chydymdrechwn, feibion dysg,
O'u plaid yn llu.

Y Ddau:
Os gorfoledda'r gelyn &c.

Bardd:
Gwladgarol oedd ein tadau gynt
Er rhwystrau fyrdd a mwy,
Ymdrechwn ninnau ar ein hynt
Fel gwnaethant hwy.

The Poet and the Shepherd

Poet:
If you are of my nation,
Old shepherd of the hill,
Oh, give me your warm hand
And clasp it tight.

Shepherd:
Oh, poet, I am an ardent Welshman
Opposed to deceit and treason,
My vigorous patriotism will not permit
Me to forsake my land.

Both:
If the enemy rejoices
At the death of Llywelyn, once our helm
In the land of the sweet muse and the harp,
Our tongue, our tongue lives on.

Poet:
Some foretold our tongue
Will perish before long,
This has been predicted many times.
What of the truth?

Shepherd:
This is the truth – in our midst
Are the dear Eisteddfodau,
Let's strive together, learned sons,
On its behalf.

Both:
If the enemy rejoices &c.

Poet:
Patriots were our fathers old
In spite of many barriers,
Let us strive as we make our way
As they once did.

Bugail:
Y gornant draw ni rydd ei si,
Fel cynt er fy moddhad,
Cyn byth yr ymollyngwyf i
Fradychu'm gwlad.

Y Ddau:
Os gorfoledda'r gelyn &c.

*[Nodir fod hon yn ddeuawd i'w chanu ar dôn
o waith Taliesin James.]*

Cân Iforaidd

Cymry ffyddlon ydym ni
 Dros ein gwlad a thros ei bri,
Cyndyn deithiwn ddydd ein gwledd
 Mewn brawdgarwch pur a hedd.
O cyd-orfoleddwn, cyd-ymdrechwn y dydd
Dan faner Iforiaeth, Iforiaeth a fydd.

Na foed gelyn byth i'w gael
 I Urdd annwyl Ifor Hael,
Ac os bydd un na ŵyr am werth
 Undeb gwir mor fawr ei nerth.
O cyd-orfoleddwn &c

Pwy a ddwed nad ym yn gall
 Trwy lesoli naill y llall;
Gweddwon ac amddifaid gawn
 Yn dyrchafu'n clodydd llawn.
O cyd-orfoleddwn &c

Er proffwydo lawer gwaith
 Drancedigaeth yr hen iaith,
Bydd ei seiniau'n bêr i'r clyw
 Tra bo gwir Iforydd byw.
O cyd-orfoleddwn &c

*[O lyfrau cyfrifon Ieuan ab Iago, Amgueddfa Werin Sain Ffagan.
Dyddiad, Gorffennaf 11, 1876.]*

Shepherd:
The murmur of that yonder brook
Will please me no more,
Before I ever sink so low
As to betray my land.

Both:
If the enemy rejoices &c.

[It is noted that this duet was intended to be sung to a tune composed by Taliesin James.]

A Song for the Ivorites

Welsh patriots all are we
  For our country and its fame,
Stubbornly marching on our day
  In pure brotherly peace.
Let us rejoice, and strive this day
Under the banner of Ivorites we'll be.

Let there be no enmity
  To the Order of Ifor Hael,
There's none who does not know the worth
  Of true unity and strength.
Let us rejoice &c.

Who will say that we're not wise
  Helping one another;
Widows and orphans we do find
  Singing our praise.
Let us rejoice &c.

Although many will predict
  The death of our ancient tongue,
It's sweet tones always will be heard
  While true Ivorites exist.
Let us rejoice &c.

[From one of Evan James's accounts books, National History Museum, St Fagan's. The poem is dated July 11, 1876. These words were probably written to be sung although no tune is suggested.]

Cân Iforaidd

(Tôn: Yfory)

Mae llawer o stŵr gan elynion ein gwlad
Yn erbyn ein hiaith a'n defodau;
Diraddiant ein cenedl nes peri i'm gwa'd
I ferwi yn ffrwd drwy 'ngwythiennau.
Gadewch lonydd iddynt, pa achos i ni
Gynhyrfu waith mympwy rhai ffyliaid,
Mae'n heniaith yn gadarn uwch, uwch aed ei bri,
Drwy nodded ac ymdrech Iforiaid.

Pa drosedd yn undyn yw pleidio ei iaith,
Boed hon yn un dlawd neu gyfoethog?
Neu son am orchestion cyndadau drwy'n taith
Yn erbyn erch gwŷr annhrugarog?
Os buont ymdrechol er achub eu gwlad
O grafanc bradwrus estroniaid,
Mae'n eithaf rhesymol rhoi iddynt fawrhâd,
O'r galon, fel gwna Gwir Iforiaid.

Echryslawn elyniaeth, er cymaint dy rym,
Nis gelli byth ddal ein tafodau;
Ni ddichon dy ddannedd ysgythrog a llym
Chwaith dorri llinynau'n calonnau.
Saf draw yr anghenfil arswydus dy wedd,
Digofaint sy'n tanio dy lygad;
Oferedd it' geisio diseilio da sedd
Gwladgarwch y didwyll Iforiaid.

Os drwg ydyw hedd, a chydymdeimlad at frawd,
Os drwg gwneud yn ôl deddf dynoliaeth,
Ni ymddarostyngwn i ddirmyg a gwawd,
Na thorrwn i fyny'r frawdoliaeth.
Na, na, y mae rhinwedd yn noddawl i ni,
Mae'r wlad wedi teimlo'n gwasanaeth;
O, Frodyr, ymdrechwn mewn undeb a bri
Hyd farw o blaid Gwir Iforiaeth.

[Ceir nifer o gerddi ganddo i gyfarch Urdd yr Iforiaid, cerddi i'w darllen neu ganu yng nghiniawau'r Iforiaid. Dyddiad hon, Gorffennaf 22, 1865.]

Ivorite Song
(Tune: Yfory)

Those hostile to our land make such a noise
Against our tongue and its customs;
Degrading our nation and causing my blood
To boil as it flows through my veins.
Let them be, what reason is for us
To trouble for the whims of fools,
Our language is strong, and greater its renown,
For the protection and endeavour of the Ivorites.

What crime does a person by defending his tongue,
Whether it be poor or strong?
Or to speak of the feats of our ancestors on our way
Against dismal, uncompassionate men?
If they did battle to save their land
From the treacherous claws of the alien,
It is right that we show them esteem,
From the heart, as do true Ivorites.

Atrocious enmity, for all your might,
You'll never cause us to be silent;
Nor will your teeth, rugged and sharp
Ever sever the strings of our hearts.
Stand back, you monster of terrible sight,
The anger that lights up your eyes;
'Tis futile to undermine the good throne,
The patriotism of the innocent Ivorites.

If peace is not good, nor care for a brother,
And following the laws of humanity's bad,
We will not submit to scorn nor contempt,
Nor the destruction of our fellowship.
No, no, virtue is a refuge for us,
The country values our deeds;
Oh, Brothers, let us strive in union and honour
Until death, in support of true Ivorism.

[Another poem to be sung at an Ivorite dinner.
Dated July 22, 1865.]

75

Cân Wladgarol – O Rhowch i Mi Fwth

Mae llawer yn llwyddo 'nôl myned ymhell
Tros foroedd i wledydd estronol,
Ond mwy ar ôl myned yn methu gwneud gwell
Er siomiant yn eithaf hiraethol.
Fy ngwlad, o fy ngwlad, pa Gymro a'th âd
Heb deimlo ei fron yn glwyfedig –
O rhowch i mi fwth a thelyn neu grwth
Yn rhywle yng Nghymru fynyddig.

Os nad yw'r hen Gymru fu unwaith mewn bri
Yn awr yn mwynhau ei holl freiniau,
Arafwn ychydig, dywedwch i mi,
Pa wlad sy dan haul heb ei beiau?
Fy ngwlad, o fy ngwlad, rhof i ti fawrhad
Dy enw sy'n dra chysegredig –
O rhowch i mi fwth a thelyn neu grwth
Yn rhywle yng Nghymru fynyddig.

Cysegrwyd ei bryniau a'i dolydd tra heirdd
Â gwaed ein gwladgarol gyndeidiau;
Llochesodd derwyddon heddychol a beirdd
Rhag difrod yng nghelloedd y creigiau.
Fy ngwlad, o fy ngwlad, ei noddwyr difrad
Ddyrchafant eu heniaith gyntefig.
O rhowch i mi fwth a thelyn neu grwth
Yn rhywle yng Nghymru fynyddig.

*[Mae'r gân hon yn ddiddorol oherwydd gosododd Gweirydd ap Rhys, yn ei **Hanes y Brytaniaid**, yr ail bennill ar ôl geiriau pennill cyntaf **Hen Wlad Fy Nhadau** gan achosi penbleth i amryw fu'n ceisio datrys hanes cyfansoddi ein hanthem. Sgrifennwyd y geiriau i'w canu i dôn a gyfansoddwyd gan Alaw Ddu, gweler tudalen 246-248.]*

A Patriotic Song – Give Me a Cottage

There are many who succeed by travelling afar
O'er oceans to foreign lands,
But more having gone find little contentment
Are disappointed and long for their home.
My land, Oh! My land, what Welshman deserts you
Without feeling an ache in his bosom –
O give me a cottage, a harp or a fiddle
Somewhere in the mountains of Wales.

If Wales once held in the highest esteem
No longer enjoys its old privileges,
Just pause for a moment, tell me,
What country in the world that is faultless?
My land, Oh! My land, I pledge you my honour
Your name is sacred to me –
O give me a cottage, a harp or a fiddle
Somewhere in the mountains of Wales.

Its hills and its beautiful dales were made holy
By the blood of our patriotic forefathers;
The peace loving druids and poets sought refuge
From destruction in cells midst the rocks.
My land, Oh! My land, its steadfast patrons
Exalt our ancient tongue.
O give me a cottage, a harp or a fiddle
Somewhere in the mountains of Wales.

[This poem is of interest because the second verse was thought to be the "missing" lines of the original **Hen Wlad Fy Nhadau**. That second verse appears after the first verse of Hen Wlad Fy Nhadau in Gweirydd ap Rhys's **Hanes y Brytaniaid a'r Cymry** (The History of the Welsh and the Britons), causing confusion to many who tried to unravel the mystery of the composition of our anthem.]

Trewch, Trewch y Tant
(Tôn: Mwynen Gwynedd)

Trewch, trewch y tant,
Atseinied drwy ein gwlad,
Dadebred annwyl blant
Yr awen fâd
I goleddu'r iaith a roes
Ein nâf i ni er pob ryw groes
A chaed ei gelyn ddyfnach loes
Wrth weld ei hoes mor hir.

Trewch, trewch bêr dant
Hen delyn fwyn ein gwlad;
D'wed Natur 'Dyma'm plant
Yn nheml eu tad.
Fel tyner fam mae yn parhau
I weini hedd, i'n llawenhau;'
Tan wenau hon cawn gyd-fwynhau
Ein hen ddefodau mad.

Trewch, trewch y tant
Ein telyn, mad nid yw
Adfywiad aiddawl blant
Llywelyn Lyw.
Er i'n teidiau oddef cur
A'u darfod hwy ag arfau dur,
Ym mynwes pob gwladgarwr pur
Mae Arthur eto'n fyw.

*[Gweler yr alaw **Mwynwen Gwynedd** ar dudalen 249.]*

Strike, Strike the Chord
(Tune: Mwynen Gwynedd)

Strike, strike the chord,
To echo through our land,
May our dear children revive
The goodly muse
To cherish the tongue that made
Us what we are in all adversity
And may our foe feel deeper pain
As we survive so long.

Strike, strike the chord
On our country's gentle harp;
Says Nature 'Here our children
In the temple of their father.
Like a tender mother still
Ministering peace, to cheer us,'
Under her smiles we can enjoy
Our ancient goodly rites.

Strike, strike the chord
On our harp, the zestful ardour
Of the offspring of Prince
Llywelyn's no longer strong.
But though our forefathers suffered pain
To perish on weapons of steel,
In the bosom of every true patriot
Arthur lives.

Câs Gŵr Nas Caro'r Wlad a'i Maco

Gwalia roddai dan g'wilydd – o gallai,
    Ŵr gwallus diddefnydd,
  Llais awen o'i ben ni bydd,
  Gwywa dysg yn dragywydd.

Gwlad dy fam ddinam oedd annwyl; – ei bri
    Ni phrisi, na'i phreswyl;
  Pe gallwn, rhoddwn ar ŵyl
  Dywarchen ar dy orchwyl.

[Englynion draddodwyd yng Nglyn Corrwg, Gŵyl Ddewi 1836.]

Englynion anerchiadawl i Eisteddfod Trefforest, Mehefin 3ydd, 1865

Yr iaith annwyl, diwrthuni – pur yw,
    Pa raid ei difrodi?
  Beth dâl sôn? Nid daioni
  Claddu'n hiaith – coleddwn hi.

Llawer un ei thranc ddymuna – er hyn
    Mae'n parhau hyd yma;
  Morwyn Nef – os marw ni
  Ei chlodydd ni fachluda.

Os tyllwyd ein castelli – heb achos,
    A'n beichio ag anfri,
  Fwyn Ryddid, ef fu'n rhoddi
  Anadl nerth i'n cenedl ni.

Despicable the Man Who Loves not the Land that Nurtured him.

Wales would bury beneath shame – if it could,
  This useless defective man,
  Not from him the muse's voice,
  But learning withers eternal.

The land of your flawless mother was dear; – its esteem
  You value not, nor its constancy;
  If I could, this day I'd place
  A sod upon your labours.

[Englynion delivered at Gyn Corrwg, St David's Day, 1836.]

Englynion *to greet the Trefforest Eisteddfod, June 3rd, 1865*

The dear tongue, inoffensive – pure,
  Why lay it to waste?
  Why clamour? It is not beneficial
  To bury the language – embrace her.

Many would wish her death – yet
  She has survived this far;
  Maid of heaven – if she dies
  Her renown will never cease.

If our castles were pierced – without cause,
  And we are burdened with dishonour,
  Gentle Freedom, it will
  Breath strength to our nation.

Cân Iforawl:
i'w chanu ar dôn Hen Wlad Fy Nhadau

Gyfeillion Iforawl a breinuddawl llawn bri,
Cyflwynaf trwy draserch iach annerch i chwi,
Os noddir trwy burdeb ein hundeb yn iawn,
O frodyr, ei gysur a gawn.

Byrdwn;
  Iaith, iaith, noddwn yr hen iaith
  Hoff aeg odidog enwog yw
  Tan faner Iforiaeth bydd fyw.

Gwir yw'r hen ddihareb 'mewn undeb mae nerth'
Trwy'r profiad a gawsom ni wyddom ei gwerth,
Mae braint ac anrhydedd o'i golud i'w gael
A rhinwedd gorfoledd gwir fael.
  Byrdwn

Y firain Iforiaeth hoff helaeth ei ffawd
Gwir brawf o'i gweithredoedd ar gyhoedd a gawn,
Cynhorthwy tra rhyfedd o'i rhinwedd a roes
Mewn adfyd, tan glefyd a gloes.
  Byrdwn

Boed heddwch a chariad wŷr mad yn ein mysg
Gan ddidwyll ymdrechu i daenu gwawl dysg,
Meithrinwn gyd-deimlad o'r bwriad di-ball
Fo'n gynnes, er lles naill y llall.
  Byrdwn

Er pob creulonderau am oesau tra maith
Ni lwyddodd un gelyn yn erbyn ein hiaith,
Er lladd ein Tywysog galluog a'n Llyw
Mae'r berffaith hen famiaith yn fyw.
  Byrdwn

An Ivorite song:
to be sung to the tune of Hen Wlad Fy Nhadau

Ivorite friends privileged and honoured
I offer adoration and greetings to you,
If properly protected our union in purity,
My brothers, its comfort we'll have.

Refrain:
  Welsh, Welsh, we will protect the old tongue
  Beloved and splendid and famed
  Beneath the Ivorite banner will live.

True is the old proverb 'in union there's strength',
From our experience it's value we know,
There's honour and privilege to be had from its wealth
And virtue and joy to be won.
  Refrain

The comely fellowship abundant its fate
True proof of its actions for all can be seen,
Marvellous assistance of virtue it gave
In distress, ill health and in pain.
  Refrain

May there be peace and affection in our midst
By sincere endeavour to spread learning's light,
Nurturing sympathy and never to fail
So warm for the good of us all.
  Refrain

In spite of atrocities in ages long past
No foe was successful in destroying our tongue,
In spite of the killing of Llywelyn our helm
The perfect old language still lives.
  Refrain

Mae amryw undebau fel gleiniau drwy'n gwlad
A gânt yn feunyddiol wir haeddiol fawrhad,
Ond Ifor a ddywedo er cryfed pob cri
Undebaeth Iforiaeth i fi.
  Byrdwn

Ein hundeb fawrygwn tra gwelwn nad gwael
Yw baner oleuwen yr hen Ifor Hael,
Yn uwch, uwch dyrchafed dan nodded ein Nâf
Cydwaedda Cyfrinfa Glan Taf

Byrdwn;
  Iaith, iaith, noddwn yr hen iaith
  Hoff aeg odidog enwog yw
  Tan faner Iforiaeth bydd fyw.

[Dyddiad, Awst 6, 1865. Gweler yr alaw wreiddiol ar dudalen 244.]

There are many unions like gems through our land
Who daily receive our deserving esteem
But Ifor declared in face of all cries
The Ivorite union is best.
  Refrain

Our union we extol while we see it's not base
The enlightening banner of old Ifor Hael,
Raise it higher and higher under the protection of our Lord
Cries out the Lodge of Glan Tâf

Refrain:
  Welsh, Welsh, we will protect the old tongue,
  Beloved and splendid and famed
  Beneath the Ivorite banner will live.

[Date: August, 1865.]

CERDDI NATUR

Y Gaeaf

Yn yr haf hyfrydaf adeg,
Gwelir gerddi mewn gwisg hardd-deg,
Blodau a llysiau'n dra lluosog,
Hardd, a llwyni gwyrdd meillionog.
A'r haul yn araul belydru, – a'r ffrwythau eirian;
Gwelir anian mal yn gwenu;
Er ei golwg hardd anwylaf, yr haf aeth heibio –
Maent yn gwywo'n nyfnder gaeaf.

Tymor ydyw a bair adwyth,
E dry'r dyffryn mal tir diffrwyth;
Coedydd, manwydd, gwych dymunol,
Eu dail drwy allu, syrth yn hollol;
E grina'r perthi, a'r llwyni llonwedd;
Dros ein dolydd a llifogydd hyllaf agwedd,
A ddifroda'r tir hyfrydol, gyr ein meysydd
Megis ffosydd anhoffusol.

Daw gwasgarog wisg o eira,
Ein tir addoer lwyr orchuddia;
Gwelir esgud ddynion gwisgi,
Gan fawr annwyd yn dihoeni:
Dinwyf olwg anifeiliaid – gyd gysgodai
Gyda'r difai ŵyn a defaid,
Dan y perthi, heb ddim porthiant
Am gael lloches, mewn lle cynnes, oll amcanant.

'Nôl anniddan wlawog ddyddiau,
Daw'r nen i'r golwg heb gymylau;
Y sêr yn nos yn hardd ddisgleiria,
Eu gwiw lewyrch a'n goleua;
Bryd hyn daw iasau llym digysur,
Teimlir oerni, anian rewa yn yr awyr.
Ei naws addoer, cyn boreuddydd,
Drwy ei allu rewa fyny ein afonydd.

NATURE POEMS

Winter

In summer most delightful time
Gardens decked in their finest robes,
Flowers and plants in profusion,
Lovely, and green clovered bushes.
The sun serenely beaming, – and the fair fruits;
Nature as if smiling;
In spite of its dear and lovely visage, the summer is past –
All has withered in the depths of winter.

It is the blighting season,
The valley turned into barren earth;
Trees, shrubs, fine and pleasant,
The leaves completely fallen,
The hedges wither and the cheery glades;
O'er our meadows the wild aspect flooding,
Devastating the lovely land, our fields riven
Into unpleasant ditches.

A scattered coat of snow
Our frigid earth completely covers;
Active and nimble men
Languish in miserable colds:
Lethargic beasts – shelter
With the faultless lambs and sheep,
Beneath the hedges, hungry,
Seeking warm refuge is all they desire.

After dismal rainy days,
The cloudless heavens appear;
The stars at night shine their beauty,
Their lovely lights illuminating;
Then comes the comfortless sharp shiver,
Suffering the chill, nature freezes in the air.
The frigid feel, before the dawn,
Its power freezing rivers.

Ni chlywir odiaeth sain ehedydd,
Gwych dymunol uwch y mynydd;
Nag un ganiad er dywenydd,
Gan gu adar mân y coedydd,
Câdd pob un archoll ddwfn erchyll,
Drwy rym annwyd, gwnant ymysgwyd eu oer esgyll;
Ac yn wannaidd ar newynnu,
Heb glydle i drigo, oll yn cwyno, yn lle canu.

Trist yw'r teithiwr, gwelw ŵr gwaelaidd,
Pan lesg gama'r eira oeraidd,
Yn yr awel ym mron rhewi,
Heb un adail i'w gysgodi;
Er mor anhawdd drwy rym anian,
Er pob llesgedd gyrraedd annedd hoff ei hyran
Mil mwy hygar fydd gwresogi ei hun trwy glydwch,
'Nôl ei erthwch nag ymborthi.

Daw'r gogleddwynt oerwynt terrig,
A ysgydwa wraidd y goedwig,
Echrys ydyw ei ruadau,
Anhoff aethus ei effeithiau:
Mae braidd pob un dynion pybyr,
Fel y gwanaf, yn y gaeaf, dan eu gwewyr;
Yn lle yr iâ, a'r eira terwyn a'r gwynt oerllym
Mor dda gennym fydd y gwanwyn!

*[Dyddiad: Gaeaf 1830-31. Credir mai dyma'i gân gyntaf. Yr oedd yn
byw yn Argoed ar y pryd. Cyhoeddwyd hi yn **Cymru**, 1915.]*

We hear not the exquisite tune of the lark,
Brilliant and sharp above the mountain;
Nor any song so blissful,
By the sweet birds of the woods,
Each is wounded deep and hideous,
Feverishly, they shake their wings;
And weakened and famished,
Without warm abode, lamenting, without song.

Sad is the traveller, poorly pale man,
As he feebly treads the miserable snow,
In the freezing winds,
With no building to shelter;
Hard, faced by the force of nature,
Weakly stumbling to his beloved dwelling
A thousand times more amiable will be warming in that shelter
After his gasping and suffering.

Comes the north wind cold and severe,
Shaking the roots of the forest,
Terrible are its roars,
Grievous, unpleasant its effects;
Stout men,
In the anguish of winter are like the weakest;
Instead of ice, the raging snow and the biting wind
How welcome will be the spring!

[Date: Winter 1830-31. This is believed to be his first poem.
He lived in Argoed at the time. The poem was published
in **Cymru**, 1915.]

Y Gelynnen

Yn ddiau daw y gaeaf – ei oer wedd
  Ar y wig ganfyddaf;
  Y gelynnen yw'r glanaf
  Heddiw yn ei gwisgoedd haf.

Yn yr haf cei aml iawn ri' – o brennau
  'N bêr annwyl ffrwythloni,
  Eithr hon ei ffrwyth, inni
  Y gaeaf oer a gaf i.

Caled ei rhyw mae clod i'w rhin – enwog
  Trwy'r gwasanaeth iesin;
  A thra hon gwedi ei thrin,
  Ei pharhâd anghyffredin.

Pa hogyn drwy'i dail pigog – at y nyth
  'Nas tyn ei waed llifog?
  Uchel yw, noddfa a chlog,
  I aderyn deorog.

Ehediaid mewn brys heb oedi – at hon
  Tynnant mewn caledi,
  Ba ryfedd? Hwy gânt brofi,
  Ei hygar nawdd a'i grawn hi.

Adseinia'n gwlad gan uchel floeddiadau,
A phlant a'i gofwyant o'u pell drigfannau;
O mor odiaeth yw ei hymroadau,
Am y gelynnen ddinam ei gleiniau
Yn addurn i'n haneddau, – gan hardded
Yw i'w gweled yn amser y gwyliau.

*[Yr oedd y gerdd hon yn fuddugol yn Eisteddfod Gelligaer, Dydd
Nadolig, 1850. Cyhoeddwyd hi yn **Cymru** 1915. Ceir fersiwn debyg
ohoni – ar y testun **Y Gaeaf** – yn un o'i lyfrau cyfrifon, Amgueddfa
Werin Sain Ffagan. Y gwahaniaeth pennaf yw bod englyn arall ar
gychwyn y gyfres englynion. Dyma'r englyn:*

*Heddiw ar frig y dderwen – ni welaf
  Gain olwg un ddeilen;
  Braidd y gwelir deiliog bren
  Yn Ionawr, ond Celynnen.]*

The Holly Tree

With certainty comes the winter – its cold form
    In the woods I behold;
    The holly is the fairest
    Today in summer's attire.

In summer there are many – trees
    Sweetly, dearly ripening,
    But this one its fruit gives us
    In winter's cold to receive.

Although tough we praise its charm – celebrated
    Through the glorious service;
    And this one once it's dressed,
    Such extraordinary continuation.

What lad through its prickly leaves – to the nest
    Whose blood is not drawn?
    It is high, a refuge and cloak,
    To a bird that's brooding

Birds in haste do not tarry – to this one
    Are drawn in harsh times,
    Why wonder? They shall taste
    Its amiable sanctuary and berries.

Our country echoes to noisy outcries
With children and their visitations from distant dwellings;
Oh so exquisite are their devotions,
For the holly, perfect its jewels
A decoration to their homes, – so lovely
To behold at the time of festivities.

[This ode won first prize at the Gelligaer Eisteddfod, Christmas Day, 1850. It was published in **Cymru**, 1915. A similar version – entitled Winter – appears in one of Evan James's accounts books, National History Museum, St Fagan's. It differs in that there is another englyn at the beginning:

Today, at the tip of the oak – I see not
    One bright leaf;
    Rarely do we see a leafy tree
    In January, except the holly.]

Y Gaeaf
(Dydd byrraf, 1837)

Yn gauad tymor y Gaeaf – y daeth
   Eto y dydd byrraf;
  Drwy'i ystod aml gawod gâf
  A naws oer ei nos hiraf.

Pum englyn i'r dylluan oherwydd fy nihuno ganddi o gwsg esmwyth ganol nos

Taw'r ddylluan a'th ganiad – alaethus
   Wael eithaf ysgrechiad,
  Beth yw oer lais bytheiad
  Wbawl, i'th anwydawl nâd.

Mor sydyn i fy'm arswydo – daethost,
   Nid ethawl i'm deffro,
  Er esmwythâd yn rhad rho
  Mwy lonydd im' ail-huno.

O'm rhan i 'does fri i frain – a berthyn
   O barth i'w ysgrechian;
  Wrth dy frawl, rhiawl yw'r rhain,
  Arswyd a bair dy bersain.

Dychryni ddyn dechreunos – ei waethwaeth
   Yw eithaf diaros,
  Ni wn beth sy'n dy annos
  I gynnal nâd ganol nos.

Mae'r dryw bach hyd mawr adar byd – o lid
   Am dy lwyr ddymchwelyd,
  Pa ddyn a'th oddef hefyd
  I alw, hw, hw, hw o hyd.

[Dim dyddiad, ond nodir Evan James, Druid, wrthi.]

Winter
(The shortest day, 1837)

A lid on the winter season – it came
*   Again the shortest day;*
*   In its course many a shower I get*
*   And the cold tinge of the long night.*

Englynion *to the owl that awoke me at midnight*

Shush, owl, with your song – your
*   Mournful vile shrieking,*
*   What is the sound of a hound's*
*   Howl, compared to your coldly cry?*

So sudden, you made me shudder – you came,
*   Not of my choice to wake me,*
*   For comfort, freely give*
*   Me peace to sleep again.*

For me crows have no renown – to them
*   Because of their screeching;*
*   By your gabble, noble are they,*
*   Your euphony of terror.*

You scare a man at twilight – more so
*   To the utmost by and by,*
*   I know not what incites you*
*   At midnight to sustain your cry.*

From the little wren to the world's great birds – wrathfully
*   They want to overthrow you,*
*   What man can suffer, too,*
*   Your persistent you-hw-hw.*

[No date, just the name Evan James, Druid.]

Y Sycamorwydden yn Ymyl y Nant

Mewn annedd gysurus tan gysgod clogwyni
Y cefais fagwraeth ddinam,
Ac addysg yn fore er fy rhinweddoli
Tan nawdd fy nhad a fy mam.
Hawdd cofio cael eirin mor flasus i'r preswyl
Ar ddraenen wrth bistyll y pant;
Er hynny 'e gyfyd atgofion mwy annwyl
O'r sycamorwydden yn ymyl y nant.

Bu'n hoff gennyf rodio glan Bargod anwylaidd
Ymdeithiai mor araf drwy'r glyn;
O mynych, tra mynych ei murmur sidanaidd
A'm suodd i gysgu cyn hyn.
Fy rhiaint gofalus gan serch yn ymddangos
Mor ddedwydd wrth ganfod eu plant
Mewn hedd yn cydmolchi mewn crych ddŵr cyfagos
I'r sycamorwydden yn ymyl y nant.

Bu'n hoff gennyf ddringo y coedydd afalau
A dyfant yng ngardd yr hen dai,
Er iddynt ymgrinio ymysg y carneddau
Nid ydyw fy hoffter ddim llai;
O'r hirgul hen bompren a'i chanllaw sigledig
Ei chroesi oedd orchest i blant;
Ond nid yw hi mwy ger fy mhren cysegredig,
Y sycamorwydden yn ymyl y nant.

Y sycamorwydden mor annwyl wyt imi
Parch atat drwy'm mynwes a draidd,
Tynghedaf di, Bargod, pan gyfyd dy wynlli
Rhag byth aflonyddu a'i gwraidd.
Wyf bell oddi wrthi, pa bryd y caf fyned
I'w golwg, mae arnaf i chwant,
Boed gobaith i esgor ar fwyniant i weled
Y sycamorwydden yn ymyl y nant.

[O'r llyfrau cyfrifon, Amgueddfa Sain Ffagan. Dyddiad: Mehefin 8, 1867.]

The Sycamore by the Brook

In a comfortable dwelling sheltered by crags
I received my idyllic upbringing,
An early education in goodness and virtue
In my father and mother's fond care.
How well I remember those tasty small plums
From the thorn by the spout of the brook;
Yet fondest of all are memories inspired
By the sycamore on the bank of the brook

I used to love wandering the banks of the Bargoed
Leisurely strolling the vale;
Often, so often its silky sweet murmurs
Lulled me to sleep in the past.
My careful parents in loving appearance
Watching their children in bliss
Peacefully washing in the rippling waters
By the sycamore on the bank of the brook.

How I loved climbing the old apple trees
That grew in the gardens around,
Although they have withered amidst the cairns
My affection remains strong as it was;
With that narrow footbridge and its shaky old handrail
To cross was an adventure for all,
But it's no longer there by that old sacred tree,
The sycamore on the bank of the brook.

The sycamore, so dear to me,
That love for it seeps through my whole bosom,
I implore you, Bargoed, when your waters foam high
Not to disturb its roots.
Although far away, may I once again travel
To see it, that is my desire,
And may hope bring forth the pleasure of seeing
The sycamore on the bank of the brook.

[From Evan James's accounts book,
National History Museum, St Fagan's. Date: June 8, 1867.]

Y Cricedyn

Griced annwyl, dwed i mi,
O ba le y daethost di?
Croeso i ti tan fy nghronglwyd
A lle cynnes ger fy aelwyd.
Tyred, tyred eto â'th gân
Cyn y llwyr ddiffodda'r tân.
Naturioldeb fedd dy seiniau
Sy'n adfywio fy nheimladau.

Er yn darllen wrth fy mwrdd
Pell wyf rhag dy yrru'i ffwrdd,
Er athroniaeth bur i'm boddio
Rhaid i'm droi i'th wrando.
Tyred, tyred &c

Cana'r eos yn y wig,
Gwlith y nef ireiddia'i phig,
Yn yr hwyr i lonni'm hanian
Ti yw eos min y pentan.
Tyred, tyred &c

Os mai gwir a ddwed fy ngwraig
Mae'r hosanau yw'th hoff saig,
Rhaid i tithau, wrth naturiaeth,
Gael rhyw ymborth er cynhaliaeth.
Tyred, tyred &c

Hawdd y gelli roddi naid
O dy gylch os angen raid,
Ond na ddyro naid cyn belled
Na chaf eto'r fraint o'th glywed.
Tyred, tyred &c

*[O'r llyfrau cyfrifon, Amgueddfa Werin Sain Ffagan.
Awst 8, 1867.]*

The Cricket

Dear cricket, do tell me
From whence you came?
There's a welcome beneath my roof
And warmth upon my hearth.
Come, come give me your song
Before the fire dies.
Natural are your sounds
Reviving memories.

Although reading at my table
I have no wish to scare you off,
Philosophy may please me
But I must turn and hark at you.
Come, come &c

The nightingale that's in the wood,
Heaven's dews refresh her song,
In the evening raise my spirits
Little nightingale by the fire.
Come, come &c

If it's true what says my wife
That stockings are your favourite dish,
You too, like all nature,
Need some feeding to sustain you
Come, come &c

It's easy for you to leap
Around, if so you must,
But do not leap away too far
Leave me the pleasure of your song.
Come, come &c

[From the accounts books, National History Museum.
Date: August 8, 1867.]

Goleuni'r Dydd

Ei ogoniant sy'n gweini – ym mhob man
   I anian wiw ynni,
   Bywyd a nerth ein byd ni
   O law Iôn yw'r goleuni.

Y Wawr

Oriau'r tywyllwch yn awr aethant heibio,
E ddarfu caethiwed, cawn weled y wawr,
Ac o mor ddymunol ei gwawl i'n goleuo
O barthau'r dwyreinfyd cyn cyfyd e'n awr.
Ymddengys ardderchog aml-liwiog gymylau
Yn agor drwy'r entrych a'u llewyrch er llwydd.
Y sêr a addurnent y nen uwch ein pennau
Gerbron ei ogoniant ymguddiant o'n gŵydd;
Gwrthrychau afrifed a fu yn guddiedig -
Planhigion, heirdd flodau a llysiau y llawr -
Sydd bêr eu harogliad drwy'r wlad sydd weledig
Caiff natur adfywiad ar doriad y wawr.

Pa le mae'r dylluan yr hon a oer ganodd
Yng nghanol coedwigoedd er gwahodd ei gŵr?
I'r dderw ac eiddiorwg o'r golwg a giliodd,
Y wawr a'i dychrynnodd, distawodd ei stŵr;
Ond clywaf blygeiniol naturiol gantorion
Y goedwig mewn cytgan o fychan i fawr;
Peroriaeth ddihafal gynhesodd fy nghalon
Wrth wrando per atsain arwyrain y wawr.
Y defaid mewn nwyfiant a borant y bryniau
Er harddu'r olygfa pwy wela'n eu plith
Ond gwartheg per flithion a thewion eidonnau
Mewn undeb anwyla yn gwledda y gwlith.

The Light of Day

Its glory administers – everywhere
* To nature fine energy,*
* Life and strength of our world*
* From the hand of the Lord is the light.*

The Dawn

The hours of darkness are past,
Captivity ends, we see the dawn,
And so pleasant its hue to enlighten us
From the east before it breaks.
Many coloured, magnificent are the clouds
Spreading through the firmament its radiance for good.
The stars that adorned the sky o'er our heads
Before all its grandeur they hide from our sight;
Wonderful objects that once were concealed –
Plants, lovely flowers and the herbs of the land –
Smell sweet through the country that now can be seen,
Nature awakening at the breaking of dawn.

Where is that owl with the blood-curdling screech
At the heart of the forest calling its mate?
To the oak and the ivy to hide it retreated
Scared by the dawn, which silenced its sound;
But I hear the natural dawning musicians
Of the forest in concert from the small to the great;
Music unrivalled that warm up my heart
As I heard their sweet echo exalting the dawn.
The sheep enthusiastically grazing the hills
And adding to the beauty I see in their midst
Cows there for milking and oxen well fatted
Contented together they feast on the dew.

Y mwg megis hirbyst i fyny sy'n esgyn
O wynion simneiau heirdd fyth'od y glyn,
Ymdaenawl wisg niwlog a guddiodd y dyffryn
A welaf yn dringo dros glogwyn y bryn;
Y gwridgoch aradrwr a rwyga y lasdon
I'w darpar er buddiant mewn nwyfiant yn awr
Ac eraill brysurant i'w haml orchwylion,
Gwybyddant ei horiau wrth wenau y wawr.
Ust! Ust! Beth a glywaf yn atsain o'r creigydd?
Sain hirgron y cynnydd yn ochr y twyn
Yn galw'r bytheuaid yn dyrfa dra ufudd
I ganlyn y llwynog ysbeilydd yr ŵyn.

O wawr, hyfryd wawr, daeth dy dreiddiad belydriad
Dros gribau'r mynyddoedd hyd glynnoedd ein gwlad
Uchelgan y ceiliog gyhoedda'th ddynesiad;
Diwydwyr a'th hoffant, mawrygant dy râd.
Daw'r hoenus dyddynwyr, lafurwyr yn forau
I'r maes i gyfarfod dy lewyrch bur lân;
Y bugail, was dedwydd, ar bennau'r mynyddau
A siriol groesawa'th iach wenau â chân;
Hoff iechyd anadla'n dy dawel awelon
A rhydd dy ddylanwad adfywiad i fardd.
Ow! Tyred dy hoedl a'th duedd hyfrydlon
E gyfyd yn fuan yr huan têr hardd.

[Gweler alaw Y Wawr ar dudalen 250.]

Cân heb destun

Mi dreuliais oriau hoff cyn hyn
Fel meudwy yn y coed,
Gan eistedd dan y brigau ynn
Heb symud llaw na throed
Rhag imi beri dychryn prudd
I breswylyddion cangau'r gwŷdd.

The tall posts of smoke arise from cottages
And their white chimneys down in the vale,
A misty robe that once hid the valley
Dispersing and climbing over the crag of the hill;
The ruddy-faced ploughman tearing the meadow
Preparing for profit with energy now
While others are busy with numerous labours,
Setting their hours from the smiles of the dawn.
Hark! Hark! What do I hear, sounds echo the crags?
The long rounded sound at the side of the hill
Calling the hounds in obedient throng
In pursuit of the fox, scourge of the lambs.

O dawn, lovely dawn, your penetrating beams
Flow over the crests to the vales of our land;
The crowing of the cockerel proclaims your arrival,
The industrious, adore you, extol your blessing.
The cheerful peasant leaves early his cottage
For the fields to welcome your pure clean light;
The shepherd, so happy, high up in the mountain
Pleasantly greets your smiles with a song;
Cherished good health reviving the poet.
Bringing forth animation and fine inclinations
As soon will rise the beautiful sun.

Poem without a title

I spent pleasant hours in the past
As a hermit in the woods,
Seated beneath the ash's boughs
Not moving hand nor foot
So that I should cause no sudden fright
To those in the branches above.

Lle clywais wir r'aderyn brith
Yn arwydd trist o fraw
Rhag imi fynd a dwyn ei nyth
Oedd yn y boncyff draw;
Nac ofna lwydyn nid wyf i
Ar fedr ysbeilio'th balas di.

Y dedwydd gôr adeiniog cu
Gydganent uwch fy mhen,
Yr 'hedydd yn yr wybren fry
Anerchai berlau'r nen;
Diddanwch gefais lawer pryd
Nes llwyr anghofio trafferth byd.

Ar ael y glyn, i mi mor hardd
Oedd gweld y blodau gwych;
Tan gysgod llwyni gwyrddion chwardd
Briallu, blodau'r clych.
Adfywiad ganwaith deimlais i
Wrth orffwys ar ei mynwes hi.

Fy aelwyd hoff pa bryd ddaw'r dydd
I'th olwg di mewn hoen?
Ychydig obaith imi sydd
Gan gymaint yw fy mhoen.
Anneall yn dy olwg di
Heb ddyfod iechyd gyda mi.

O tyred iechyd, enaid pur,
Cysurlon wyt i ddyn;
Adfera nerth atalia'm cur,
Adlona'm gwelwaidd lun
Mal cafwyf weld yr aelwyd rhwng
Y coed, cyn gaeaf blwng.

[Dyddiad: Tachwedd 3ydd, 1844.]

Where I heard the whir of the speckled bird
A sad sign of the dread
That I had come to take its nest
That was in that yonder log;
Fear not little sparrow I'm not about
To plunder your palace.

The blissful winged choir
In harmony above,
The lark in the sky aloft
Greets the heavens' pearls;
Delight I had many a time
Forgetting all my worldly toils.

On the valley's brow, so beautiful
To see the flowers fine;
In shadow by the bushes green laugh
Primroses and bluebells.
A hundred times I was revived
Resting on her bosom there.

My dear hearth when comes the day
When I am strong again?
I feel so very little hope
Such is now my pain.
Stranger I am, no more to see
You now my health departed me.

Oh health, come pure soul,
Comforter of man;
Restore my strength, despatch my pain,
Refresh my pale visage
So I may see the hearth among the woods,
Before that surly winter comes.

[Dated: November 3, 1844.]

Gwlith y Bore

Mab y tarth ysgafn dosparthol – a'r glaw,
   Wyt ti'r gwlith boreol,
   E rydd dy naws ireiddiol
   Nawdd i dŵf mynydd a dôl.

O bereiddiad y boreuddydd – dy lawn
   Adloniant i'r dolydd,
   Gwnei'th ran cyn cwyd meddiannydd
   Allweddau aur dorau'r dydd.

The Morning Dew

Son of the mist lightly spread – and the rain,
*   Are you the morning mist,*
*   Your refreshing nature gives*
*   Support for growth to hill and dale.*

Sweetener of the morn – fully
* ·   Reviving the meadows,*
*   You play your part while still asleep*
*   That keeper of the day's gold keys.*

CERDDI CYMDEITHASOL
A DIWYDIANNOL

Teimladau Mam at ei phlentyn cystuddiedig

Wele y fam annwyl a fu – echdoe
   Heb nychdod yn gwenu,
   Ond yn awr mae ei gwawr gu
   A'i thegwch yn gwaethygu.

Annwyl un mor wan ei lef – o'i ethryb,
   Athrist yw ei ddolef;
   O'i bodd dymunai oddef
   Hyn o loes yn ei le ef.

[Daw'r ddau englyn yma o gyfres o chwech a anfonodd i'r
Gymraes *dan y ffugenw, Meurdwy Glan Rhondda. Ni*
chyhoeddwyd hwy. Nodir y dyddiad Ebrill 8, 1850, wrthynt.]

Englynion ar ddyletswydd rhieni plant i gefnogi yr Ysgol Sabothawl

Eresgu ydyw'r ysgol – sabothawl
   A'i dwys bethau buddiol,
   O na foed rhieni'n ôl
   O'i noddi – y mae'n haeddol.

Perl yw hon pair oleuni – i'r enaid
   O'i rhinwedd uchelfri,
   Wir addysg dwfn wna roddi
   O air Iôn, mawrhawn hi.

Pa lês a gawn idd ein plant – yn fwy
   Na'i da fudd i'w meddiant;
   Oherwydd uwchlaw ariant
   Yw'r trysor gwerthfawr a gânt.

SOCIOLOGICAL AND INDUSTRIAL POEMS

A Mother's feelings for her afflicted child

Behold the dear mother who was – before yesterday
    Carefree and smiling,
    But now her kindly dawn
    And her beauty are waning.

A dear one, feeble his cry – because,
    Sorrowful is his weeping;
    Gladly would she suffer
    All the pain instead of he.

[These two englynion are from a series of six he sent to
Y Gymraes under the pen name Meudwy Glan Rhondda.
They were not published. Date: April 8, 1850.]

Englynion *on the duty of parents to encourage children to attend Sunday School*

A wonder is the Sunday – school
    And its many benefits,
    Let parents not be tardy
    In patronage – for it's worthy.

'Tis a pearl that enlightens – the soul
    Of its distinguished virtue,
    Providing profound learning
    Of the Lord's word, let's honour it.

What greater good for children – than this
    In their possession,
    Because beyond all measure
    Is the treasure they get there.

A oes gem ag sy o gymaint – ei werth
   Idd ei rhoi gan riaint,
A'r fuddiol foreol fraint
A lŷn pan ddelo henaint.

Deuwch rieni diwyd – i ddwysgall
   Addysgu'n ieuenctid
Yn llyfr Duw – sylfaen bywyd
Tragwyddol i farwol fyd.

Dyletswydd Plentyn at ei Fam

Adgofio'i ddyled gyfion – ei charu
   A pharchu'i hoff eirchion,
Ufuddhau a mawrhau hon
Yng ngwyneb pob anghenion.

Eu dyddiau anrhydeddu – o galon
   A'i gwiwlys achlesu,
Rhag cam pleidi i fam fu
Dda esgud i'w addysgu.

Ar goll pan eto'r gallu – a'i hoyw nwyf
   Gan henaint yn methu,
  Ymdeimlad y cariad cu
A'i nodded fo'n cynhyddu.

[Tua 1860.]

Is there a gem that is greater – in value
　To be given by a parent,
　The value of that early privilege
　Will adhere in later life.

Come devoted parents – to wisely
　Educate our young ones
　In the book of God – eternal life's
　Foundation for a mortal world.

A Child's Duty to its Mother

Remembering its just obligation – to love her
　And respect her biddings,
　Obeying and honouring her
　In face of all necessities.

Honour her days – from the heart
　And her worthy home cherish,
　From harm give support to a mother who was
　Adept at teaching her child.

At a loss when the ability – and her alert vivacity
　From old age is failing,
　May it grow, that dear love,
　Inspiring a greater protection.

[Dated: about 1860.]

Ymweliad Offeiriad â'i Blwyfoges Gystuddiol

Aeth hen offeiriad duwiol, rhyw dro i ofyn hynt
Hen Lowri dlawd gystuddiol o ardal Bwlch-y-gwynt,
Prysurodd yn ei ymdaith ar gefn ei gaseg gref
Rhag ofn i'r henwraig farw cyn cael ei fendith ef.

Rôl mynd i mewn i'r bwthyn a chael rhyw fath o sedd,
Edrychodd mewn tosturi ar Lowri wael ei gwedd
Gan ddweud: 'Er eich cysuro mi ddeuthum gyda nwyf
Yn unol â dyledswydd, gweinidog pena'r plwyf.'

Lowri:
'I chwi rwyn dra diolchgar, o byddwch megis brawd,
Trwy roddi ryw elusen i wreigan glaf a thlawd.
Nid ydyw deunaw'r wythnos i mi ond cymorth gwan,
Addawyd hanner coron o'r Union i fy rhan.'

Offeiriad:
'Na fyddwch mor ddaearol, mi ddeuthum atoch chwi
Er gweini maeth ysbrydol drwy rin fy mendith i!'

Lowri:
''Nôl i chwi roddi'ch bendith, i mi pa lês a ddaw?
Gwell gennyf hanner gini i'm llonni ar fy llaw!'

Offeiriad:
'Mi garwn i chwi ddeall, nad arian rwyf am roi,
O lwybrau pechod aflan wyf am i'ch druan droi.'

Lowri:
'Chwi fyddech chithau'n druan, er maint eich bol a'ch ceg,
Pe byddai'ch corff ar gerdded am bedwar-dydd-ar-ddeg!'

Offeiriad:
'Mae Satan yn gwau rhwydau ar hyd ein llwybrau llawn,
Trwy bechod mae eich calon yn ddrwg ac aflan iawn!'

A Vicar Visits a Sick Parishioner

An old and pious vicar, one day went forth to see
Poor Lowri who was sickly, she lived by Bwlch-y-gwynt,
He hurried on his journey riding his sturdy mare
In case the woman perished unblessed by any priest.

Once inside the cottage he found a place to sit,
He then looked down at Lowri – so poorly was she -
And said: 'So I can give you comfort I hurried to your home,
Which is the proper duty of the parish's foremost priest.'

Lowri:
'To you I am so grateful, if my brother you will be,
Generous and kindly to a sickly one like me.
My eighteen pence a week it is not very much,
In my plight I thought the Union would give me half a crown.'

Vicar:
'Don't be materialistic, I came along to you
To nourish your spirit, and help you on your way!'

Lowri:
'After I get your blessing, what good is that to me?
I'd rather half a guinea of cheer in my hand!'

Vicar:
'I wish to make it clear, it's not money that I give,
It's you I wish to save, from your sinful ways.'

Lowri:
'You would be miserable also, despite your belly and mouth,
If your body kept on going non-stop for fourteen days!'

Vicar:
'Satan has cast his nets ready along our paths,
And sinful is your heart, filthy and very bad!'

Lowri:
'Nid cynddrwg yw fy nghalon, camsynsoch ar y lle,
Mae'r boen o ben fy ysgwydd i lawr i'm ystlys dde.'

Offeiriad:
'Fy nghalon sydd ar waedu o fewn eich llety llwm,
Mae'n dywyll, tywyll arnoch ar wely cystudd trwm.'

Lowri:
'Mi stwffiais y ffenestri er atal gwynt a lluwch
Nes ydyw'r lle mor dywyll o'r braidd a bola buwch.'

Offeiriad:
'O am eich argyhoeddi o'ch hanystyriaeth mawr,
Mae'n amlwg fod eich pabell o bridd bron dod i lawr.'

Lowri:
'Rwyf o'r un farn a chwithau, rwyn ofni'r ddamwain ddu,
Mae ieir Twm Shon yn crafu o dan sylfeini'r tŷ!'

Offeiriad:
'Pa lês i'm aros yma, ymadael gwell i mi,
Ni feddaf unrhyw obaith am eich hachubiaeth chwi!'

Lowri:
Pwy sydd am i chwi aros, gallasech fynd yn gynt,
Ni fu erioed eich ffalsach yn ardal Bwlch-y-gwynt!'

[Mehefin 11, 1863. I'w ehanu ar yr alaw ar dudalen 251.]

Lowri:
'It's not my heart that's bad, sir, you have mistook the place,
The pain is in my shoulder and aching down my side.'

Vicar:
'My heart is bleeding for you within your sad abode,
With darkness you're inflicted on this miserable bed.'

Lowri:
'With straw I stuffed the windows to keep out wind and snow
That's why this place is dark like the insides of a cow.'

Vicar:
'I wish I could convince you of your impiety,
It's obvious your earthly hovel will soon come tumbling down.'

Lowri:
'For once I must agree, I'm worried that it will,
Scraping at the foundations, you see, are Twm Shon's hens.'

Vicar:
'I see no point in staying, it's better I should leave,
I hold no hopes of saving you from a fiery end!'

Lowri:
'Who wants you to stay here, you could have earlier gone,
There's never been a falser one than you in Bwlch-y-gwynt!'

[The poem is dated June 11, 1863. It is typical of a number of his poems on the subject of poverty and unfortunate people. He also wrote many poems in dialogue form – probably to be sung.]

Wyth Englyn i Dŷ Marchnad Newydd Aberdâr

Diddan yw in' ganfod heddiw – wiw dŷ
   Marchnad hardd digyfryw
  Aberdâr, nid heb raid yw
  Ei leshad, cyfleus ydyw.

Mae yr addas dŷ mawreddog, – hardd iawn,
   Ar ddull pedwarochrog,
  A tho *glass* yn brydferth glog;
  Y wedd arnaw'n addurnog.

Iselwyd yn ddwfn ei seiliau – trwchus,
   Tra uchel ei furiau;
  Agwrdd ŷnt ei ategau
  Hirion, heirdd, i'w gadarnhau.

Addas yw ei dda sarn, – wele o'i fewn
   Golofnau o haearn,
  A barrau'n groes, nid oes darn
  Nac ydyw'n eithaf cadarn.

Muriau, nas dichon mawrwynt, – chwaith na glaw,
   I dreiddiaw gwn drwyddynt,
  Cerrig naddedig ydynt,
  Cerrig rhwym – mal craig yr ŷnt.

Y ddau borth iddo berthyn – yn ddiau
   Sydd eang a dillyn;
  Gwiw reidiau a geir wedyn
  Ar bob tu er denu dyn.

Diwygiad i'n cymdogaeth, – a dir ffawd
   Gawd drwy'r cledrffyrdd odiaeth;
  'Tŷ'r Farchnad' 'chwanegiad wnaeth
  Yn wychawl i'n masnachaeth.

Englynion *to Aberdare's New Market Hall*

Pleasant to behold today – the fine market
    Hall, handsome, unique
    Of Aberdare, not without need its
    Benefits, it is convenient.

A proper majestic building, – of beauty,
    Of shape quadrilateral,
    With a glass roof a lovely cloak,
    Adding a decorative appearance.

Its foundations planted deeply – thick
    And high are its walls;
    Stout are they upholding,
    Tall, handsome, their support.

Convenient its fine paths, – behold within
    Pillars of iron,
    And bars across, there is no part
    That is not very solid.

Walls, that no tempest can, – nor rain,
    Be able to pierce them,
    Dressed stones are these,
    Bound stones – rock-like are they.

The two porches – undoubtedly
    Are spacious and elegant;
    Fine necessities can then be seen
    On all sides to entice clients.

An improvement to our neighbourhood's – prosperity
    Was made by the railroad;
    The Market Hall is a splendid
    Addition to our commerce.

Eangle, o tan dy gronglwyd – corau
   Cywrain a sefydlwyd,
  Er llog, tŷ ardderchog wyd,
  Er perwyl da'th ddarparwyd.

*[Cyhoeddwyd yn **Gardd Aberdâr** – yn cynnwys Cyfansoddiadau
Buddugol yn Eisteddfod y Carw Coch, Aberdâr, Awst 29, 1853.
Roedd yr englynion hyn yn gyd-fuddugol]*

Cân Anerchiadawl
*(I Richard Fothergill, Yswain, ar ei ddyfodiad i
ail-gychwyn Gwaith Cwm-gwrach, Cwm Nedd)*

Wi! Cydorfoleddwn a rhoddwn fawrhad
It', Fothergill, Yswain, ŵr mirain a mad;
Wladgarwr diffuant, ceir mwyniant tra maith
O'th ddyfod i'r Glyn i ail-gychwyn y gwaith.

E barodd y newydd orwenydd dirith,
Dy ddyfod, fonheddwr, a'n pleidiwr i'n plith;
Pob gradd yn dra aiddawl, hoff unawl i'r ffawd,
Ar sail dy ryglyddiant gyhoeddant dy wawd.

E wawriodd y dydd er llawenydd tra llawn,
Tan deimlad o fawrbarch dy gyfarch a gawn;
Y gweithwyr mewn nwyfiant orwenant yn iach,
Gan ddyrchu banllefau trwy gyrrau Cwm-gwrach.

Ein gobaith oedd wanaidd, yn farwaidd e fu
Y gwaith, er ing gweithwyr, colledwyr fu llu;
Ni gawn well amserau, da seiliau in' sydd,
Trwy rin dy ddylanwad adfywiad a fydd.

O! cyfyng iawn oedd ar deuluoedd fu'n dlawd,
Yn wyneb anghenion, oer gwynion a gawd;
Er hynny cyn hir cyfnewidir eu hiaith,
Pan welir y gweithwyr, llon wŷr, mewn llawn waith.

Extensive, beneath thy roof – neat
  Stalls are now placed
  For hire; a splendid house thou art,
  For a good purpose provided.

[Published in **Gardd Aberdâr** – which included the winning compositions of the Red Stag Eisteddfod, August 29, 1853. Evan James shared first prize for this entry.]

Poem of Greeting
(To Richard Fothergill, Esquire, on coming to re-start the ironworks at Cwm-gwrach, Glyn Neath)

Hey! Let us rejoice and give our praise
To you, Forthergill, Esquire, goodly, fair man;
Patriot, sincere, there'll be pleasure for long
For your coming to the Glyn to re-open the works.

The news has caused so much happiness,
Your coming, good sir, our supporter to our midst;
All ranks full of ardour, united to the fate,
Because of your merit they sing your praise.

The day dawned gladly and lovely and bright,
With emotions of reverence to greet you we do;
The workers so sprightly are smiling and pleased,
Voicing exaltation through the vale of Cwm-gwrach.

Faint were our hopes, and without any life
The works, to the distress of the men, losses were great;
Better days we'll now see, foundations are firm,
Thanks to your influence the village's revived.

Oh! Life was hard on families so poor,
In the face of needs, cold lamentations were heard;
But soon we shall hear a change to their tones,
When the workers are seen, happy men all employed.

Cyfleus iawn yw'r gwythi, hoff inni y ffaith,
A geir yn ein hardal at gynnal y gwaith;
Heblaw hyn o gysur, i'r gweithwyr mor gu,
Fod meistr cyfoethog, anturiog o'u tu.

Dy deithi daionus sy'n hysbys i ni,
Dy enw ddyrchefir, bereiddir mewn bri;
Mae'n gysur gwir fad dy ddyfodiad i'r fan,
Lle ceir trwy'th ymgeledd dda rinwedd i'n rhan.

Mae'r gledrffordd gyfagos yn dangos bob dydd
I fasnach ein gwlad y llwybreiddiad a rydd;
Mwy gwaith iddi rhoddir, gwybyddir nid bach
Fydd cynnydd haearnol rhagorol Cwm-gwrach.

Bydd yma ddiwygiad, mwy galwad yn glau
Am nwyddau gwir reidiol perthynol i'n pau;
E'n breintir â mawrlwydd, er arwydd o hyn,
Traidd swn y ffwrneisiau trwy gonglau y Glyn.

Er tyfu o'r glaswellt, yr irwellt ar hyd
Y llwybrau, – tramwyir, hwy gochir i gyd;
Y tai oedd heb ddeiliaid am ysbaid tra maith,
Sydd lawn o breswylwyr, myg weithwyr y gwaith.

Y gwaith yn cynhyddu, pob teulu'n gytûn,
Y gwŷr gyda'u gwragedd yn llonwedd eu llun;
A'u plant heirdd o'u deutu yn gwenu'n eu gŵydd,
Heb arwydd o brinder, ond llawnder a llwydd.

Y meistr a'r gweithwyr yn bybyr heb ball,
Weithredant yn gynnes er lles naill y llall!
Rhagorwych hoff gariad iawn sad fydd y sedd
Ddisigl er ffyddlondeb, dewr undeb a hedd.

Hawddamor o'r galon it' hylon ŵr hael,
O! bydded i'th feddiant hir fwyniant, pêr fael;
Na foed edifeiriwch dielwch o'r daith
A wnaethost, anwylddyn, trwy gychwyn y gwaith.

The works are convenient, and handy for all,
To have such employment so close to their homes;
As well as this comfort, to the workers so dear,
They see a rich master, adventurous, on their side.

Your good and kind qualities are well known to us,
Your name be exalted, sweetened, esteemed,
Your coming is a comfort that's rescued this place,
Through which will come succour and goodness to us.

The nearby railway exhibits each day
The direction required bringing trade to our land;
More work there will be, there will certainly come
Great progress in the wake of the works of Cwmgwrach.

There will be a revival and more demand soon
For necessary articles pertaining to our lives,
We will be favoured with prosperity, and a symbol of this,
Will be the sound of the furnaces roaring through the vale.

Although the grass grew, so freshly along
The tracks, – they will be traversed, and cleared again,
The untenanted houses empty for long,
Are fully inhabited, by respected men of the works.

The work is increasing, every family in accord,
The husbands and wives so jolly of mood,
Their beautiful children around them all smiles,
Plenty and prosperity, with no signs of need.

The master and workers staunchly without fail,
Working so warmly for the benefit of all!
Sober affection shall reign in the works
Unshaken and faithful, unity and peace.

My heartfelt good wishes to you cheerful generous man,
And may you have pleasure and plentiful gain;
Of worthless repentance let there be none
For what you have done, dear man, by re-starting the works.

Gwir barch it' sy gymwys, ddyn mwys, ym mhob man,
Boed iechyd, llawen-oes, hir einioes i'th ran;
A phan raid ymado, mwyn huno mewn hedd,
A mwyniant dedwyddyd 'nôl bywyd a bedd.

*[O **Gardd Aberdâr**. Nid oes dim i nodi a oedd yn fuddugol a'i peidio. Mae awgrym o ddychan yma, ond yr oedd cerddi'n canmol diwydiannwyr yn gyffredin. Ym 1853 yr oedd Richard Fothergill mewn helynt yn Aberdâr oherwydd ei siopau trwco amhoblogaidd. Wedi hynny, daeth Fothergill yn fwy rhyddfrydig ac etholwyd ef yn gyd-Aelod Seneddol Merthyr ac Aberdâr gyda Henry Richard ym 1868.]*

Marwolaeth Alaw Goch

Alaw Goch, anwyla' gâr – ei genedl
    A'i gogoniant llachar;
  Ein Dafydd, ffyddlon, difar,
  Ow, mwy nid yw ond mewn da'r.

Ystyriol llawn tosturi – tel ydoedd
    At dlodion mewn cyni.
  Gwalia deg, a weli di
  Ail i hwn mewn haelioni?

Er claddu cu ŵr cywir – ei eiriau
    A'i rinwedd ni chuddir,
  Hoff enw llon pob gwron gwir
  O fath Alaw, fytholir.

[David Williams (1809 – 63) oedd Alaw Goch. Roedd yn berchennog pyllau glo, yn ŵr poblogaidd yn Aberdâr, yn fardd ac Eisteddfodwr. Tad y Barnwr Gwilym Williams.]

Respect, you deserve, kind man, by us all,
Good health, and a happy and long life your fate,
And when you depart, gentle slumber in peace,
And blessed and restful after life and the grave.

[From **Gardd Aberdâr**. There is no indication as to whether or not this was a winning entry in the Red Stag Eisteddfod. The excessive praise, particularly at the end, suggests a little gentle satire, although competitions for poems in praise of industrialists were not uncommon at the time. In 1853, when this poem was written, Richard Fothergill had problems in Aberdare due to the unpopularity of his truck shops. He later became more liberal and was elected MP for Merthyr and Aberdare along with Henry Richard in 1868.]

The Death of Alaw Goch

Alaw Goch, dearest friend – of his nation
    And its brilliant glories;
    Our David, faithful, un-wrathful,
    Alas, now in earth interred.

Considerate, full of compassion – he was kind
    To paupers in adversity.
    Fair Gwalia, will ever you see
    One of greater generosity?

Although buried this man dear and just – his words
    And virtues are not hidden,
    The fond name of every true man
    Like Alaw's, shall be eternal.

[Alaw Goch was David Williams (1809 – 63). A colliery owner, he was a popular man in Aberdare as well as being a poet and keen Eisteddfodwr. His son was Judge Gwilym Williams – see below.]

Cân o glod i G. D. Williams, ar ddydd ei flwydd (Mai 30, 1870)

Mae amryw ganiadau yn llwythog o fawl
I ddynion tra diwerth a dinod,
Mwy hoff gan yr awen glodfori y sawl
A fyddo'n gwir feddu teilyngdod.
Un felly yw'r person sy barchus ei glod
Gan fonedd ac ymhlith y werin
Oherwydd cyfiawnder yw annwyl iawn nôd
Ein Williams, hoff Yswain, o Feisgyn.

Os ydyw'r dydd heddiw yn ddydd pen ei flwydd
O bydded yn ddydd o lawenydd;
Pwy sydd yn ei adwaen na charent ei lwydd,
I'r truan a'r tlawd mae'n garennydd.
Llesoli'i gymdogion, llesoli ei wlad
Bob amser sydd hyfryd iawn orchwyl
I'n Hyswain cariadus, yr unwedd a'i dad
Gwladgarol, sef Alaw Goch, annwyl.

Fel Ustus yr Heddwch goruchel ei fri
Oherwydd gweinyddu cyfiawnder,
Ei aml rinweddau sydd hysbys i ni
Rhyddgarol ei deimlad bob amser.
Hir einioes i Williams, i'w briod a'i blant
Rhagluniaeth y Nef i'w hamddiffyn
A blwyddi eu heinioes fo mhell bell dros gant
A gwynfyd ail oes wedi'r terfyn.

[Y Barnwr Gwilym Williams (1839 – 1906) yw gwrthrych y gerdd hon. Ddwy flynedd wedi dyddiad y gerdd fe'i gwnaed yn ynad cyflogedig Pontypridd a'r Rhondda. Fel ei dad, Alaw Goch, yr oedd yn Gymro ac eisteddfodwr pybyr. Ceir hanes amdano yn Eisteddfod Genedlaethol Pontypridd, 1893, yn bygwth cyfraith ar Gwilym Cowlyd gan orchymyn iddo adael y llwyfan ac yntau'n gwrthod gwneud hynny am na fedrai gytuno â'i gyd-feirniaid ynglŷn â phwy oedd orau yng nghystadleuaeth yr awdl.]

A Poem in Praise of G. D. Williams on his birthday (May 30, 1870)

There are many poems heavy with praise
To insignificant and worthless men,
The muse delights more in praising those
Deserving of true merit.
Such a one is this person respected and praised
By nobles as well as the people,
For justice is the dearest aim
Of our Williams, Esquire, of Miskin.

If today is the day of his birth
Let it be a day of rejoicing;
Whoever may know him will wish him success,
To the poor and wretched he's a kinsman.
Benefiting his neighbours, his country, too,
Is always the pleasantest duty
Of our beloved Esquire, true son of his father
The patriot, the dear Alaw Goch.

As Justice of the Peace exalted esteem
For the way he administers justice,
His abundance of virtues is known to us all
Generous all times his concerns.
Long live our Williams, his children and wife,
May the providence of Heaven defend him
And allow him a life of a hundred and more
And blessings in the hereafter.

[Judge Gwilym Williams (1839 – 1906) is the object of this piece of praise. Two years after this poem was written he was made stipendiary magistrate of Pontypridd and Rhondda. Like his father, Alaw Goch, he was a patriotic Welshman and enthusiastic Eisteddfodwr. At the Pontypridd National Eisteddfod, 1893, he collared Gwilym Cowlyd and threatened him with the law for refusing to leave the stage. Gwilym Cowlyd disagreed with his fellow judges as to which ode was the best entry.]

Cannwyll

Y gannwyll sydd yn gweini – ei da rin
   Yn iesin 'rôl nosi;
  Wele hon a'i goleuni,
  Ei chŵyr dawdd er nawdd i ni.

Penillion o Fawl i William Price, Yswain, Meddyg, Porthyglo, am ei gywreinrwydd effeithiol yn lleihau y dolur hir a dirdynnol a flinodd William Jones, Gelli-gaer

Hawddamor i'r meddyg gŵr mŷg â gair mawr,
Ei glod ymhlith Cymry a bery bob awr,
O barch i'w ymdrechion dros gleifion mewn gloes
Teilynga ein Hyswain arwyrain yr oes.
Un mwyn tynergalon yw'r hylon ŵr hael
Gŵyr natur clefydau a'r moddau er mael
I weini yn ddiau gyffeiriau di-ffael;
Trwy gyfrwng y cywrain bu mirain lês mawr
I lawer oedd glafaidd a gwaelaidd eu gwawr -
Am un ymhlith amryw gaf enwi yn awr.

Yng Ngelli-gaer gwelwyd gŵr llwyd tan gur llym
Fu'n goddef hir fisoedd nes roedd yn ddi-rym,
Sef William Jones, glowr, ei gyflwr oedd gaeth,
Tan bwys ei fawr orthrwm yn wargrwm yr aeth.
'E gâdd gan feddygon 'u hirfoddion di-fael
A phawb geid o'r ungred drwy'i weled mor wael
Nad oedd idd ei feddiant un gwelliant i'w gael;
Cyffuriau'n ddieffaith – anobaith yn awr,
Argraffodd ei enw yn welw'n ei wawr,
Cynyddodd ei ddolur trwm hirgur tra mawr.

Adfywia, f'awenydd, i'r newydd roi nod
I'r meddyg defnyddiawl rhyglydawl ei glod
Sef William Price, Yswain, gŵr mirain a mad,
Dihafal ei foddion i gleifion ein gwlad;

A Candle

The candle doth deliver – its good charm
  Radiantly after nightfall;
 Behold it and its light,
 Its wax melts for our benefit.

Verses in praise of William Price, Esquire, Doctor, Porthyglo, for his effective skills in easing the long and excruciating pains suffered by William Jones, Gelligaer

Best wishes to the doctor, of the highest repute,
His renown 'midst the Welsh increases,
In respect for his efforts for the sick and the suffering
Our Esquire deserves our heartiest praise.
Gentle, kind-hearted and generous man,
Familiar with causes and cures
Dispensing the medicines without ever failing;
Thanks to his knowledge that was beneficial
To many who were sickly and poor –
Amongst the many I shall now name just one.

In Gelligaer a pale man suffered sharp pains
For months until he was weak,
Namely William Jones, collier, his condition enslaving,
Beneath the oppression bent double in torment.
The doctors and their medicines were without effect,
And all were agreed on seeing his state
That there would be no cure, no improvement for him,
With drugs ineffectual – he could only despair,
His name was imprinted, so pale was his hue,
As the pain he was suffering increased by the hour.

Stir yourself, muse, for the news to proclaim
Of our meritorious doctor and sing to his fame,
Namely William Price, Esquire, fine noble man,
Wondrous his cures for the sick of our land;

125

Ei fuddfawr weithredoedd yn gyhoedd a gawn
Yn brofion digonol o'i ddwfn dreiddiol ddawn
Yn binacl gorfoledd ei rinwedd fawr hawn,
I'r llesgddyn digysur mewn dolur fo dan
Ei law drwy'i gywreinrwydd yn rhwydd wna ei rhan
I adfer i iechyd a gwynfyd y gwan.

[Yr enwog Ddoctor William Price, Llantrisant, yw gwrthrych y gerdd hon. Yr oedd yn byw ym Mhorthyglo, Pontypridd, ym 1846, sef y dyddiad ar y gerdd. Cynigiwyd gwobr yn Eisteddfod Gelli-gaer, Dydd Nadolig 1846, am gerdd i William Price a'r gwasanaeth meddygol a ddarparodd i'r glowyr. Ni wyddys a fu i Ieuan gynnig ar y gystadeuaeth – beth bynnag, yr enillydd oedd y tribannwr dawnus, Thomas Williams, Twm Cilfynydd.]

Yr Eos

Mil llonach na mawl llinos – neu y gôg
   Yw dy gân, lwyd 'Eos',
  Dy beraidd rawd heb aros
  Gyrch i'r nef o garchar nos.

[Ni cheir dyddiad wrth yr englyn hwn. Mae'r ffaith fod y gair.'Eos' yn yr ail linell mewn dyfynodau a gydag 'E' fawr yn dangos mai englyn i berson yw hwn. Eos y Dyffryn, hwyrach, a luniodd gerdd yn croesawu Ieuan i Bontypridd ym 1847, neu (pwy a ŵyr?) Eos Morlais, tenor enwocaf ei ddydd ac un a ganodd **Hen Wlad Fy Nhadau** *ar achlysuron arbennig iawn yn hanes taith ein hanthem i boblogrwydd.]*

Daioni Gweithiau Gwlân Caerffili

Mor hyfryd i'm clustiau yw dadwrdd y cribau
Gwiw reidiol aur rodau y borau pan fydd
Pawb wrth eu gwahanol orchwylion neillduol
Drwy'r buddiol iawn ethol wlad-weithydd.

Hoff weithiau gwlân odiaeth Caerffili a'i chymdogaeth
I luoedd bywoliaeth wir helaeth a rydd
Rhag dyfod brwyn tlodi, ymdrechol yw'r meistri
Er gweini daioni dywenydd.

His wonderful deeds made public shall be
A plentiful proof of the depths of his skills
A jubilant pinnacle to his eager efficacy;
To the miserable man in pain with his hands
He skilfully and gently eased away all the troubles
Restoring the weak to blessed good health.

[This is a poem to the famous Doctor William Price, often associated with Llantrisant although it was not until later in his life that he lived there. He lived in Porthyglo, Pontypridd, in 1846, the date of this poem. The Gelligaer Eisteddfod held on Christmas Day, 1846, offered a prize for a poem to William Price and the medical service he provided for the coalminers – and ironworkers for that matter. It is not known whether Evan James submitted this poem to the competition. The winner was Thomas Williams, Twm Cilfynydd. Written in cynghanedd, it is not one of Evan's finest efforts.]

The Nightingale

A thousand times more cheerful than the linnet's praises – or the cuckoo
  Is your song, grey "Eos",
  Your sweet route without a pause
  Soars to heaven from night's prison.

[There is no date for this englyn. Because the word "Eos" – nightingale – is in inverted commas and with a capital E it may be that this is a poem to a person. Eos y Dyffryn who greeted Evan James with a poem when he came to Pontypridd, or (who knows?) Eos Morlais (Robert Rees, 1841 – 1892)? Eos Morlais was the most famous Welsh tenor of his day, and he sang **Hen Wlad Fy Nhadau** on a number of notable occasions in the course of the song's progress towards acceptance as a National Anthem.]

The Benefits of the Caerphilly Woollen Mills

So pleasing to my ears are the bustling of carders
The needful gold wheels of the morning when
Busily at their differing duties begin
The profitable tasks of their choice.

The fond woollen works of Caerphilly and district
For many a goodly true living provides
To banish grievous poverty, the masters are striving
To minister delightful benefits.

Canfyddir hen wragedd a gwlân rhwng eu bysedd
Er mwyn caffael meinwedd edafedd fo deg,
Y garwaf ddeolant, y tecaf er tyciant
Ddetholant, ni oedant un adeg.

Mae'r gweithiau cysurlon er budd i gribyddion,
I nyddwyr, lliwyddion, gwehyddion tra gwych,
Heb son am niferi o fân-blant sy'n gweini,
Gan brofi'r daioni dianwych.

[Tebyg bod y gân hon yn perthyn i'r 1830au.]

Diwygiad

Da hygar yw'r diwygiad – odiaethol
   Ei deithi anwylfad;
   Mae ynwyf ddwys ddymuniad
   Weld ei wawr ar glawr ein gwlad.

Hwn ydyw huan odiaeth – eirianwych
   Rinwedd a dynoliaeth,
   Cyfnewidiwr cyflwr caeth
   A glyw dewr mewn gwladwriaeth.

O eisiau'i wiw wawl ysywaeth – lledodd
   Trallodion ac alaeth,
   Terrig waith croes naturiaeth
   Dioddef cur y deddfau caeth.

Gyrru'r senedd wŷr medrus – bywiol doeth
   I bleidio'r trallodus,
   Yno'n llesg heb un esgus -
   Saig y gwan yw soeg ag us.

Diwygiad eurfad a orfydd – gamwedd
   Degymwyr diddefnydd,
   A gyrr ei dês mal gwawr dydd
   I'r gweiniaid er eu gwenydd.

Behold the old women with wool in their fingers
Teasing fine threads which are fair,
The roughest they discard, the finest most suitable
They choose, not tarrying one moment.

The works full of comfort for the good of the carders,
The spinners, the dyers, the weavers so fine,
Not counting the many small children attending
Experiencing the vital good richness.

[This poem was probably written in the 1830s.]

Reform

So pleasing is the reform, – exquisite
Are is traits, good and dear;
I feel a deep desire
To see it dawn upon our land.

This is the lovely sun – of fair
Virtue and human nature;
Changer of captive condition
And brave ruler of a state.

The lack of its fine light – caused the spread
Of grief and tribulations,
Rough work contrary to nature
The enduring aches of stringent laws.

Send to parliament men of skill – lively, wise,
Defenders of the afflicted,
No reason for negligence –
For the weak it's draff and husks.

A gilded reform shall conquer – the transgressions
Of the useless tithe collectors,
And its warmth like the dawn of day
Takes the weak to happiness.

Cloddiaw diwreiddiaw y drain, – aredig,
    Cael yr ydau mirain,
    Degfed fydd o'r cynnydd cain
    I goegfrwnt ddifudd gigfrain.

Gwthir gwae i'r gweithiwr gwych, – rhoi degwm
    I'r diogwyr anwych
    Nas daw i'w dwylaw diwlych
    Gaib a rhaw i geibio rhych.

Tyrd ddiwygiad llad, lleda; – dy rinwedd
    Dirionwych a'n llona;
    Iaith heddwch a'th wahodda
    Drwy geisiau cael deddfau da.

Derfydd am rym deddf gorthrymder – du hagr
    Drwy'r diwygiad eurber,
    Ceir profi cwmpeini pêr
    Undeb, hedd a chyfiawnder.

[Gorffennaf 7fed, 1834. Nid diwygiad crefyddol sydd yma, ond Deddf Diwygio'r Senedd 1832.]

I Gaethwasanaeth

Y gaethwasanaeth dra syn – pwy a geir,
    Pa gall a'i hamddiffyn?
    Garthawn tost yw a gwrthun,
    Gwyrthiau diawl yw gwerthu dyn.

Taro'n erbyn naturiaeth – a rheswm
    Wna'r treisiawl wasanaeth;
    Rhydd fyd ac nid culfyd caeth,
    Dyna heulwen dynoliaeth.

Poenus ac anhoenus o hyd, – ingol
    Drwy'r fflangell ddychrynllyd
    I'r caethion duon diwyd,
    Tystia bawb mai tost ei byd.

Dig and uproot the thorns – plough,
  Grow the finest corn,
 A tenth of that lovely growth
 To empty, filthy carrion-crows.

Woe is heaped on the fine worker, – the tithe goes
  To the slothful irresolute
 Whose bare hands knows not
 A mattock nor spade to dig a furrow

Come blessed reform, extend – thy gentle
  Virtues and cheer us;
 The language of peace invites you
 For taxes to give us good laws.

Now comes the end of oppression's law – dark, unseemly
  By this gold revival,
 We shall enjoy the sweet company
 Of the unity of peace and justice.

[July 7, 1834. Readers of the Welsh language may be confused here as the word Diwygiad usually means a religious revival. Evan James's poem welcomes the passing of the Reform Bill of 1832.]

Slavery

Slavery's aberration – who will,
  What sensible person defends it?
 A violent and repugnant camp,
 The sale of man, the Devil's work..

An act against nature – and reason
  Is this oppressive service;
 A free world not confined in bondage
 Is humanity's glory.

Constant pain and misery, – the distress
  Of the frightful flogging
 Of the black industrious captives,
 Testimony to suffering lives.

Dynion ydyn' dan nodau – athrist
    Ethryb creulonderau;
   Gwaedant o dan ergydau
   Fflangellwyr hyll gyrwyr gau.

Rheswm yn ymddyrysu, – anwylwych
    Ddynoliaeth yn gwaedu;
   A dyn gwyn gaed yn gwenu,
   Lewpard diawl, wrth larpio'r du!

Mawrion ein tir, trist i'm eirio, – wnaeth ddeddf
    Annoeth ddu gaethiwo;
   Poen chwerw yw cadw co'
   Oes ennydd yn oes honno.

Y mawrion all roi ymwared – i gaethion,
    Os gweithiant ceir gweled
   Rhyddid glwys culwys cêd,
   A thewir am gaethiwed.

Y Degwm

Du gamwedd yw degymu
Yr hyn wna dyn ei feddu,
Mae'n groes i bob cydwybod fyw –
Nid teilwng yw ei dalu.

Hoff iawn yw gwartheg, meddynt,
A mawr y llês geir trwyddynt;
Nid bach yw talu i wŷr y llan
Y degfed ran ohonynt.

[Dyddiad 1834. Nodir ei fod yn byw yn Aberbargod ar y pryd.]

They are men who are branded – in sorrow
        Due to atrocities;
    Bleeding beneath the blows,
    Scourged by their hideous drivers.

Reason all deranged, – beloved
        Humanity bleeding;
    And the white man grinning,
    Devilish leopard, tearing the black!

The great of our land, sad to say, – made a law
        Unwise the dark enslaving;
    A bitter pain to remember
    A life dwelt in such a time.

The great, they may release – the slaves,
        If they work we shall see
    Fair freedom, love-inspiring and bountiful,
    And slavery will be silenced.

[There is no date for this series of englynion.]

The Tithe

A dark iniquity is to tithe
That which a man possesses,
It goes against all conscience –
Not a deserving payment.

Very dear are the cattle,
With great benefits derived from them;
'Tis no small thing to pay the church
For them a ten percentage.

[Dated 1834. It is noted than Evan James lived in
Aberbargoed at the time.]

Cân yr Adfywiad

(Ar Agor y Gledrffordd newydd yng Nghymdogaeth y
Bontnewydd a Mynwent y Crynwyr)

Mor hoff gan wladgarwyr yw gweled arwyddion
Am gynnydd Masnachaeth trwy gyrrau eu gwlad,
Ynghyd â mawr lwyddiant anturwyr dewrgalon
Agorant lo-weithiau er dirfawr lesâd.
Er bod yng ngrombiliau ein parthau mynyddig
Ddefnyddiau trafnidiaeth – cyflawnder o lo,
Tra difudd i'n ydyw'r trysorau cuddiedig
Heb gaffael cyfleuster i'w cludaw drwy'n bro.
Wi! Lloned y meistriaid – boed elwch i'r gweithwyr,
Ceir gweld cledrffordd newydd, dynesu mae'r dydd,
Gerllaw y Bontnewydd a Mynwent y Crynwyr
Er llês cyffredinol – adfywiad a fydd.

Ymdrechwch eich gorau chwi weithwyr llafurus,
Er cymaint eich rhwystrau, i dorri trwy'r tir.
Mae angen yn galw, yr ydym awyddus
Am weld gorffeniad y gledrffordd cyn hir.
Chwychwi berchenogion glo-diroedd toreithiog
Deffrowch, y mae'r adeg yn buan nesâu;
Cewch gyfle i werthu eich mwynau godidog
Er mael i chwi'ch hunain a chysur i'n pau.
Chwibaniad atseiniol y cyflym beiriannau
Fydd mal yn gwahôdd y defnyddiai sy 'nghudd
I ddyfod i'r amlwg o fynwes y bryniau
I'r diben o'u cludo drwy'n goror er budd.

Tra syllwyf o'm hamgylch, gerllaw i'r Bontnewydd
A Mynwent y Crynwyr, bodlonrwydd a gaf;
Pa faint mwy pan welwyf adfywiad er gwenydd
Ar lennydd Nant Bargod a glenydd y Tâf?
Glo werthir newyddian drwy yr holl gymdogaeth,
Mawr alwad am weithwyr i'r dyheu o gael
Y buddfawr lo allan er meithrin masnachaeth
Achlesol ei rinwedd bydd felys y fael.

The Revival
(On the opening of the new Railroad in the
neighbourhood of Newbridge and Quakers' Yard)

How pleasing for patriots to see indications
Of the marching of commerce throughout our land,
As well as successes for stout-hearted investors
The opening of collieries for the good of us all.
Although in the depths of our mountainous districts
Lies material for progress – abundance of coal,
There will be no use for these hidden treasures
If they cannot be spread to all parts of our land.
Good cheer to the Masters – let the workers make merry,
We shall see the new railroad, the day it grows near,
Close to the Newbridge and by Quakers Yard
For the good of us all – a revival there'll be.

Strive your hardest, you labouring workers,
Despite all obstructions, to cut across land.
The need it is pressing, we all are impatient
To see it completed, the railway so soon.
You who are owners of coalfields abundant
Awake, the time it will rapidly come,
And then you'll be selling your minerals so fine
For your own profit and the good of us all.
The echoing whistle of the swift-moving engines
As if inviting those hidden materials
To come from the depths of the hills to the surface
To be carried for benefit throughout our land.

While I ponder around me, close by the new bridge
And at Quaker's Yard, so happy I feel,
But how greater the pleasure when I see the revival
On the banks of Nant Bargoed and the vale of the Taff?
Coal being sold throughout all the district,
Demands for the workforce to dig in the depths
For all that black gold to nourish our trade -
Succour of virtue so sweet it will be.

Y coedydd a gwympir, diwreiddir boncyffion
Gan wneud dyfnffordd trwy diroedd tra llaith
Er mwyn adeiladu aneddau newyddion
I'r gweithwyr berchnogion yn agos i'r gwaith.

Mawr fydd yr adfywiad ein masnach yn llwyddo
Yr hyn bair anogaeth i lawer y sydd
Yn meddu ar olud i'w addas ddefnyddio
Trwy godi anedd-dai – mawr log iddynt fydd;
Masnach-dai cyfaddas yn llawn o bob lluniaeth
Pa rai a drosglwyddir drwy'r gledrffordd mor rhad
I fuddiol ddiwallu'r trigolion yn helaeth
A maeth angenrheidiol er hoen a llesâd.
Ar hafaidd brynhawniau'r ardalwyr gyd-gerddant
Mewn undeb, er iechyd ar lechwedd y bryn,
Tra difyr glustfeiniant ar leisiau y mân-blant
Ddeuant wrth chwarae yn atsain trwy'r glyn.

Trwy leoedd llawn disathr go-is y clogwyni
Gwneir llwybrau tramwyol o'r anialdir gwael.
Lle tyfodd yr ysgall, y drain a'r mieri
Trwy gyfrwng diwydrwydd wrteithir er mael;
Lle gwelwyd y tewfrwyn a'r llwyni eithinog
Yn lledu eu dinistr – ceir gweled yn glau
Ragorach golygfa, sef gerddi blodeuog
A'r ffrwythau meithrinol a chweg i'n llesáu.
Boed llwyddiant yn gwenu ar y preswylyddion,
Gwir undeb a chariad flodeua'n eu mysg
Er eu lles eu hunain, a lles eu llafurwyr
O bydded adfywiad mewn rhinwedd a dysg.

[Dyddiad, 1841. Mae'r disgrifiadau'n awgrymu mai cân i ddathlu agor y rhan o Reilffordd Dyffryn Taf o Abercynon i Ferthyr yw hi. Tebyg mai pont reilffordd Goetre'r Coed sy'n croesi'r dyffryn uwchlaw Mynwent-y-Crynwyr yw'r Bontnewydd er y gallai fod yn Bontypridd a elwid yn Saesneg yn Newbridge bryd hynny. Dylid nodi bod dwy Nant Bargod – Nant Bargod Rhymni sy'n llifo i afon Rhymni, a Nant Bargod Taf sy'n llifo i afon Taf ym Mynwent-y-Crynwyr. Agorwyd rheilffordd o Fynwent-y-Crynwyr i Lancaiach yr un pryd a'r brif lein. Honno fyddai'n cludo'r glo o lofeydd Powell Dyffryn.]

The woods will be felled, the trunks all uprooted
To cut a deep path across the old moors;
And then will be built delightful new houses
And owned by the workers close by to their jobs.

Oh, what a revival, our commerce expanding,
This will encourage the many who own
The wealth, and use it for everyone's benefit,
Building the houses – much profit there'll be;
The shops nearby all full of good food
Cheaply and swiftly brought here by rail,
Abundantly sustaining the people
With necessary nourishment for health and for good.
On summery evenings the neighbours will wander
Together, for health on the sides of the hill,
Contentedly listening to the laughter of children,
Who come there to play, ringing out through the vale.

Below the crags in places now empty
Paths from the wilderness so soon will be seen,
Where once grew the thistles, the thorns and the brambles
Through hard work and effort improvement will come;
Where now grow the reeds, and the bushes of gorse
Are spreading destruction – soon will be seen
A view so much finer, gardens in flower
And fruits from the trees for everyone's health.
And may success smile on all those who live there
As unity and love will flower in their midst
For everyone will profit, and the good of their workers
A revival in learning and culture will come.

[Dated: 1841. The descriptions suggest that this is a poem celebrating the opening of the Abercynon to Merthyr section of the Taff Vale Railway. It appears likely that the New Bridge is that at Goetre'r Coed which takes the railway across the valley further up than Quakers' Yard. It could also be Pontypridd, which was often called Newbridge by English speakers at that time. It should be noted that there are two streams named Nant Bargoed – Nant Bargoed Rhymni flowing into the Rhymni and Nant Bargoed Tâf which flows into the Taff at Quakers' Yard. Another railroad was opened from Quakers' Yard to Llancaiach at the same time as the main line. This would have carried coal from the Powell Dyffryn collieries.]

Cwyn Gweddw yr Iforydd

Wrth gofio'r hen amserau
A dreuliais gynt mor llon
E gyfyd dwys ochneidiau
O'm priddaidd dyner fron.
Ni chaf un-rhyw dawelwch
I'm meddwl mewn un man,
Och! pwy a ŵyr drallodion llwyr
Amddifad weddw wan.

Fy mhriod, o, fy mhriod;
Gan nad yw ef yn fyw,
Anobaith llawn o drallod
Sy'n curo mhabell wyw.
Fy annwyl blant eiddilaidd
Fu gynnes yn ei gôl
Sy'n holi'n brudd im' nos a dydd
Pa bryd ddaw Nhad yn ôl.

Yr oeddym yn dra dedwydd
Pan fyddem oll yn iach,
Cydwleddem gyda'n gilydd,
O fewn ein bwthyn bach.
Ni ddryllwyd ein teimladau
Gan sain anghenus gri,
Er rhwystrau gant 'roedd gwenau'r plant
Yn nefoedd fach i ni.

Fy mhriod a gystuddiwyd
Ac i'w glaf wely'r aeth,
Fy nghalon fach a glwyfwyd
Yng ngwyneb cyni caeth,
Ymsuddodd waelach, waelach,
Heb obaith am wellhâd
Ac ofni wnawn yn fuan iawn
Cael teulu heb un tad.

Lament of the Ivorite's Widow

When recalling the old days
I spent so jolly once
There rises sighs from deep
Within my gentle breast.
There is no peace of mind
For me in any place,
Alas! Who knows the great afflictions
Of a widow poor and weak.

My husband, oh, my husband;
Since he no longer lives,
Despair and tribulations
Are at my withered home.
My dear puny children
Once warm in his embrace
Sadly ask me day and night
Will he return again.

We all were very blissful
When we were all in health,
We feasted altogether
Within our tiny house.
Our senses never shattered
By the sound of needful cries,
In spite of troubles the children's smiles
Were heavenly for us.

My husband was afflicted
And to his bed he took,
My tiny heart was wounded
To see him in distress,
While he sank further, further,
No hope that he would mend
And I worried that soon
A family with no father we would be.

Daeth tlodi gelyn cysur
I mewn i'm llety llwyd,
Er cynnal nwyfiant natur
Ni feddem fawr o fwyd.
Ust! Ust! Mi glywais guro
Y ddôr debygwn i,
Pwy ddaeth ar hynt drwy'r glaw ar gwynt
I chwilio'n helynt ni?

'Nac ofnwch,' ebe'r gennad,
'Des yma ar eich ffawd
A dangos cydymdeimlad
Ag hen Iforaidd frawd.
O blith y gwir Iforiaid
Aeth cariad ddim ar goll,
Ein bwriad cu rhag angau du
Yw eich diwallu oll.'

Yn unol a'r addewid
Gwir gynhorthwyon gês
Yng ngwyneb ing a gofid
Wnaeth imi ddirfawr lês.
Cyflwynaf fy mab hynaf
I undeb gore'n gwlad
Tra pery 'i ddydd gobeithio bydd
Yn Ifor fel ei dad.

Poverty, sweet comfort's foe
Came to my poor home,
For all of nature's bounty
We had not much to eat.
Hark! Hark! I heard a knocking
On my door, I did believe,
Who had come through wind and rain
To see what state we're in?

'Fear not,' spoke the messenger,
'I came upon your fate
To show my sympathy
For a brother Ivorite.
Amongst our ancient brothers
No love did go astray,
Our dear aim from darkest death
To satisfy your needs.'

Just as he had promised
Assistance I received
In face of strife and troubles
Did profit me so well.
I shall present my eldest
To the best union in the land,
While he may live, I'll trust he'll be
Like his father a true Ivor.

Cân i Weithdy'r Tlodion, Pontypridd, Mawrth 1868

Ardderchog dŷ ganfyddaf draw
Rhwng craig ar wastad lain,
Addurnwyd ef gan ddestlus law
Celfyddyd yn dra chain.
O ran ei wedd mae'n addas iawn
I wych bendefig fyw;
I ddiben hollol groes ei cawn
Tyloty gweiniaid yw.

Ger Pontypridd mewn araulfan
Yr adeiladwyd hwn,
Ein Hundeb newydd aeth o dan
Y ddyled bwysig bwn.
Y draul oedd fawr, gwir ydyw hyn,
O'i godi ef i lan,
Nid gormod chwaith, medd pawb a fyn,
Er cynorthwyo'r gwan.

Canfyddwyd mamau gyda'u plant
Yn gofwy ddrysau'r tai,
Yn llwm a charpiog, nodau chwant
Yng ngwyneb llawer rhai
Drueunawl, gwaelwn, llesg a llwyd,
Da nodded ni fwynhant –
Amgenach gwisg a mwy o fwyd
O fewn y tloty gânt.

Yn nhymor oerllyd gaeaf ceir
Ddigonedd yno o dân,
Dilladau'r tlodion hefyd wneir
Â gwisgoedd clyd a glân;
Syberwyd noddyd iechyd cu
Rydd iddynt wir fwynhad;
Nid oes, medd amryw, drwyddo fu
Ddim glanach tŷ drwy'n gwlad.

Poem to the Pontypridd Workhouse, March 1868

A splendid house I see afar
'Tween crags upon some level land,
Decorated by art's elegant
Hand so very fine.
It would appear to be
A fit dwelling for a nobleman;
But a very different end it serves,
This workhouse for the poor.

By Pontypridd in a sunny place
Was built this handsome house,
Our newfound Union under-wrote
This weighty mighty debt.
The cost was great, so very true,
To erect so fine a place,
But not too much, say those who wish
To give the weak support.

We saw mothers and their infants
Begging at our doors,
Poor and ragged, the signs of need
In the face of many who
So pitiful, sickening, weak and pale,
Have no refuge to enjoy –
A better dress and much more food
In the workhouse they will have.

In freezing winter there will be
Fires warm a-plenty,
Clothes for the poor will be made
And garments snug and clean;
Decent protection of good health,
This pleasure they'll enjoy;
There is, say many, no better house
None fairer in our land.

Os rhoddir iddo air diglod
Gan ambell fam a thad,
Gwell yw i'r plant o'i fewn ef fod,
Na'n grwydriaid yn eu gwlad.
Mae gofal mawr am les y rhain
Ym more gwanwyn oes
Hyfforddwn hwynt ar lwybrau cain
Hoff rinwedd dwys a moes.

Am amryw weithdai, hyn sydd wir
A hynny mynych gawd,
Am dorri doeth gyfreithiau'r tir
Drwy wneuthur cam â'r tlawd.
Mae hyn yn warth i'r cyfryw dai,
Na wawried byth y dydd
Y priodolir hyn o fai
I weithdy Pontypridd.

*[Safai'r tloty ar waelod y Graig, lle heddiw
mae Ysbyty Dewi Sant, Pontypridd.]*

144

If some say a hurtful word
Sometimes about the place,
'Tis better that children should be here
Than beggars in our land.
Here they'll get good care
In the morning of their lives,
Let us instruct then in fair paths
Deep virtues and fine ways.

Of many poorhouses, it is true
And this is often said,
That they break our country's laws
By harming our poor.
Upon those houses 'tis a shame,
And let the day not dawn
When such accusations will be made
Of the poorhouse of Pontypridd.

[The Pontypridd workhouse stood at the bottom of the Graig, now the site of Dewi Sant Hospital.]

Dyletswydd y Cymry i uno ag Iforiaeth

Fy nghenedl hoff, y Cymry,
Pa genedl uwch ei bri?
Gwladgarol deimlad gyffry
Fy mron drwy'ch annerch chwi.
O barth i wir Iforiaeth
Urdd ddylanwadol yw,
Aiddgarawl dros gadwriaeth
Y famiaith bêr yn fyw.
Teilynga bob gefnogaeth
Yn helaeth fel ein hawl,
Ei harddwch sydd mal golau'r dydd,
Mae gwenydd yn ei gwawl.
Ei noddi yw'n dyletswydd
Er llwydd, fel Cymry llad,
Wneud ydyw gwawr Iforiaeth fawr
Yn glodfawr yn ein gwlad.

Hoff undeb cenedlaethol
Y Cymry'n unig yw,
A Chymry ddylent aiddawl
Gyd-gynnal hwn yn fyw.
Mae cenedlgarwch effro
A pharch i iaith ein gwlad
Yn galw arnom uno
Â gwir Iforiaeth fâd.
Dyngarawl iawn ei theithi,
Mae budd yn ynni hon,
Cydlawenhau wna meib ein pau
Wrth deithio'i llwybrau llon;
Er cysur a llawenydd,
Mil mwy fo'i chynnydd chweg
Doed gwych a gwan i wneud eu rhan
O dan ei baner deg.

The Duty of the Welsh to join the Ivorites

My dear nation, Welshmen,
What nation of greater esteem?
Patriotic feelings stir
My breast when greeting you.
Regarding true Ivorism
An order of influence,
Zealous all for keeping
The fair mother tongue alive.
Deserving all encouragement
Abundant, is our right,
Its beauty's like the light of day,
Smiles in its rays.
To protect it is our duty,
Our aim, like blessed Welshmen,
The furthering of the Ivorites
Renowned throughout our land.

It is the dear union
Of the nation of the Welsh,
And with zeal we should
Sustain and make it live.
Vigilant patriotism
And reverence for our tongue
Call on us to unite
With the true good Ivorites.
Generous it is always,
And goodness in its strength,
The sons of our land rejoice
As they walk our jolly ways;
For comfort and for gladness,
May its progress ever increase,
Come great and small to play your part
Beneath its banner fair.

Ar seiliau gorau'u sylwedd
Ei mâd reolau ddysg
I'n feithrin moes a rhinwedd
A chariad yn ein mysg;
Brawdgarwch yn ei burdeb
A heddwch a fawrha
Anogaeth rydd i undeb
A chydymdeimlad da.
I'w plith mae agoriadau
Sef y trwyddeiriau cudd
Cyflawna'i gwaith drwy'n hannwyl iaith
Yn berffaith er ein budd.
Taer yw ei gwahoddiadau
Mae'i breintiau ger eu bron;
O, pwy na ddaw, er llwydd rhag llaw,
I gywir unaw a hon.

Mae llithiau tra diddorol
Trwy gyfrwng hon i'w cael,
Ac oll o duedd foesol
Dymunol er ein mael;
Ei holl aelodau ydynt
Fel brodyr o'r un bru,
Cyd-deimlawl ym mhob helynt
A brawd tan drallod du,
Taliadau elusenau
Er cyrraedd gwreiddiau cur
Gaiff y tylawd Iforaidd frawd
A barawd duedd bur.
O barch i'n hiaith a'n defion
Dewch Gymry llon yn llu
I unaw â phrif undeb da
Sy'n harddwch Gwalia gu.

Founded on fine ideals
Its good laws teach us
Morality and virtue
And love among ourselves;
Brotherly love sincere
And peace it does extol
Exhorting us to union
And generous sympathy.
Among us are the keys,
Namely the secret codes
Pledged in our dear tongue
Perfectly for our good.
Fervent our invitations
Its privileges for all to see;
Who will not come, and prosper all,
And justly join with it?

Many an interesting lesson
Through this may be learnt,
All are good and moral
Agreeably for our gain;
All of its members are
Like brothers of one womb,
Sympathetic in all troubles
And brothers in afflictions,
Charitable payments
To ease the roots of pain
Receives the poor Ivor brother
Swiftly of pure intent.
Respect our tongue and customs,
Come, jolly Welshmen, all
To join the finest union
The flower of Gwalia dear.

Cofion am Hen Gyfaill

Yn huno mae'r cyfaill a gerais mor gu,
Y cyfaill a'm carodd yr amser a fu,
Anobaith atalia i'm ddisgwyl y daw
I wenu'n fy wyneb ac ysgwyd fy llaw.
  Clyd ydoedd ei breswyl oleuwyd drwy'r dellt,
  Tan gysgod y dderwen – y bwthyn to gwellt.

Hen of cymeradwy a doeth oedd ei dad
A thra gwasanaethgar i fasnach ei wlad,
A'i fam yn deimladwy i'r tlawd wrth ei dôr
Feithrinodd deimladau dyngarol yn Siôr.
  Clyd ydoedd &c

Teithiasom ni filwaith yn araf o'r glyn
I'r hen ysgol wledig, dros glogwyn y bryn;
Cyd-oedi, cyd-chwarae, nes byddem mewn braw
O'n cosbi gan fedwen ein meistr rhag llaw.
  Clyd ydoedd &c

Pan ddeuai dydd Sadwrn, y cyfle a gaem
Am bysgod, i afon Sirhowy yr aem,
Cydfrysio mewn hyder at odre Cwm Gwrach,
A phob un a'i linyn, abwydyn a bach.
  Clyd ydoedd &c

Cyd-chwarae â'r mân-blant y buom cyn hyn
Wrth hen ffwrn y felin ar waelod y glyn;
Os byddai ymryson a brwydrau er gwall
Mor fawr y cynhyrfem, y naill dros y llall.
  Clyd ydoedd &c

Hawdd gallwn 'chwanegu ein helynt ni'n dau,
Ond atgof sy'n peri i'm calon bruddhau,
Os wyf yn gwargrymu gan bwys henaint du
Mae'r cofion yn fywiog am gyfaill mor gu.
  Ni ddichon daeargryn, taranau na mellt
  Ddihuno'm câr annwyl o'r bwthyn to gwellt.

[O'r llyfrau cyfrifon yn yr Amgueddfa Werin, Sain Ffagan.
Dyddiad, 1867.]

150

In Memory of an old Friend

Asleep is the friend so dear to me,
The friend who loved me a long time ago,
I despair from hoping that he'll ever come
To offer his smile and shake my hand.

   His comfortable cottage through the lattice lit
   In the shadow of the oak – under its thatch.

His father was a blacksmith, skilful and wise
And very obliging to the trade of his land,
His sensitive mother to the poor at her door
Fostered a kindness in George my friend.
   His comfortable cottage &c

A hundred times slowly we dawdled through the vale
To the old country school, over the crag on the hill;
Loitering and playing, until we were scared
As we remembered the willow in the master's hand.
   His comfortable cottage &c

And then on the Saturday, we would be free
To go fishing, and off to Sirhowy we'd go,
Hurrying with confidence to the edge of Cwm Gwrach,
Each with a line and a worm and a hook.
   His comfortable cottage &c

We would play with the numerous children at times
Down in the valley, by the oven and mill;
If there was contention and battles commenced
Great was the commotion as we defended each other.
   His comfortable cottage &c

It is easy to number our escapades both,
But all bring their sadness to fill my old heart,
As now I stoop under the weight of old age
The memories are still fresh of a dear old friend.

   No earthquake, no thunder nor lightening will
   Wake my dear friend from the house with the thatch.

[From the accounts books, National History Museum, St Fagan's. Dated: 1867.]

Englyn i William Parry, Pontypridd

Y purwych William Parry – o'm henaid
    Dymunaf ddaioni
  A iechyd gwerthfawr ichi
  Llawn a maith, mil gwell na mi.

[Lluniodd Evan James yr englyn hwn tra ar ei wely angau.]

I Ddyn Geirwir

Y geirwir ddyn rhagorol – ga iawn barch
    Gan bob dyn ystyriol,
  Mae o anian ddymunol
  I ladd ffug gelwyddau ffôl.

Yn y Nef wiw, bydd y diwedd – iddo
    Yn addurn côr eurwedd;
  Clodforant, mwynhant yn hedd
  O riniau ei wirionedd.

[Mai 19, 1832]

Englynion yn condemnio ryw ustus dienw

Wele adail y diawledig – ustus
    Cestog a mileinig,
  Anaddas ŵr bonheddig,
  Llwyr ddifawl yw y diawl dig.

Oherwydd fod ganddo arian – a thai
    A thir, barna weithian
  Gall yn hollol, ddyn siolwan
  Wthio i'r gors weithiwr gwan.

[Dyddiad, 1847.]

Englyn *to William Parry, Pontypridd*

To the pure William Parry – from my soul
   I desire all things good
  And valuable health for you
  Full and long, much better than mine.

[Evan James wrote this englyn on his own deathbed.]

To a Truthful Man

The truthful, excellent man – is well respected
   By all considerate persons,
  It is a desirable instinct
  To denounce false foolish lies.

In worthy Heaven, his end – will be
   An adorned gilded choir;
  He shall be praised, they shall enjoy in peace
  The charms of his veracity.

[May 19, 1832]

Englynion *in condemnation of a nameless Justice of the Peace*

A devilish incarnate – this justice
   Corpulent and savage,
  Unsuitable for a noble man,
  Devourer, a wrathful devil.

Because he has money – and houses
   And land, he now believes
  That he can, miserable man
  Cast to the marsh a weak worker

[Date: 1847.]

John Frost y Twyllwr

Boed co' it dwyllo deillion – anffodus
    I ffwdan echryslon.
  Onid cam it, fab mamon,
  Droi naws hedd y deyrnas hon?

Achwynion ac aml ochenaid – galar
    Glywais gan amddifaid;
  Llwyr a blwng waith twyllo'r blaid
  Lawn aros i'w blaenoriaid.

Wfft it' Frost, gwyddost mae gweiddi – mae'r gwaed;
    Mor gas yw dy enwi;
  Dy droeon di-ddaioni
  Dydd y dâl a'th dodda di!

[Daw'r condemniad hwn o John Frost, arweinydd y Siartwyr yn Sir Fynwy, yn dilyn gwrthdystiad Casnewydd yn Nhachwedd, 1839. Er ei gydymdeimlad cyson gyda'r dosbarth gweithiol, teimlai fod awenau'r Siartwyr wedi mynd i ddwylo terfysgwyr. Yr oedd yn adleisio'r don o wrthwynebiad a gododd, yn arbennig ymysg y dosbarth canol Cymraeg, i wrthdystio a gweithredu treisiol. Am hynny, mae'n debyg, y galwodd Evan James ef yn dwyllwr, am dwyllo'r gwrthdystwyr drwy eu sicrhau y byddai'n orymdaith heddychlon. Yr oedd rhai cannoedd o lowyr o ardal Aberbargod wedi ymuno â'r cyrch a thebyg bod Evan yn adleisio'u barn hwy o'r digwyddiad, hefyd. O dan yr englynion hyn ceir y ffugenw Carwr Heddwch a'r dyddiad Tachwedd 4, 1839. Diddorol cymharu agwedd y Doctor William Price, oedd a chanon yn barod i'r orymdaith ond wedi i Frost ddeddfu na fyddai'r gwrthdystwyr yn arfog dewisodd aros adre. Ni ymunodd gweithwyr Pontypridd yn yr orymdaith 'chwaith, oherwydd eu rhybuddio, efallai, gan Price.]

Yr Ysgol Sabothol

Meithrin dalent y plentyn – eiddilaidd;
    Rhinwedd ola pobun,
  Gwir addysg dardd o'i gwreiddyn
  Ewyllys Duw er lles dyn.

[Nodir y bu'r englyn hwn yn gyd-radd gyntaf yn Eisteddfod Llanwynno, Ynys-y-bwl, 1842.]

John Frost the Deceiver

Let it be remembered you enticed – blind
 Unfortunates into dire troubles.
 Was it not a false step, son of Mammon,
 To destroy the peace of this land?

Complaints and many sighs – of grief
 I heard from orphans;
 Sad work to deceive supporters
 To put trust in their leaders.

Fie on you Frost, you know that the blood – howls;
 So odious is your name;
 For your wicked scheming
 On the day of reckoning you will burn!

[This condemnation of John Frost, leader of the Monmouthshire Chartists is dated November 4, 1839, the very day the Chartists marched on Newport. In spite of his sympathies with the workers it may be that Evan James felt that riotous elements had taken control of the Chartists. If so, he was echoing a wave of disapproval, particularly among the Welsh-speaking middle-class, towards protest and violent action. It is probably for this reason that Evan James called Frost a deceiver, for assuring the protesters that this would be a peaceful demonstration. Hundreds of colliers from Aberbargoed had joined the march and it is possible that Evan James was also reflecting their views of what happened. Beneath these englynion we find the pen name Carwr Heddwch (Lover of Peace). An interesting comparison of attitudes may be drawn with that of Dr William Price, who had a canon ready for the march but when Frost decreed that there should be no firearms Price decided to take no part in the demonstration. Nor were there any people from Pontypridd on the march, possibly warned off by Price.]

The Sunday School

Nurturer of the child's tender – talents;
 Everyone's ultimate virtue,
 True learning springs from its root
 God's will for the good of man.

[This englyn shared first prize at the Llanwynno Eisteddfod, Ynysybwl, 1842.]

I Garibaldi

Bildiwch i Garibaldi – hardd adail
  Urddedig uchelfri,
 Cerfiwch ar ei harddwch hi
 Arwydd deyrn rhyddid arni.

I Mr John James, Crown Hotel, Aberdâr

Gwladgarwr yw'r gŵr o'r Goron – dyn tew,
  Dyn tawel a ffyddlon,
 Mae serch yn ei anerchion
 Wrth ei swydd, sy'n werth ei son.

Englynion er cof am Samuel Francis, dirwestwr

Samuel Francis dewisawl – gyfaill
  Ac Ifor gwladgarol,
 Ys wb, dwys y sy' heb dawl
 Rhoi i fedd un mor fuddiawl.

Iforydd cywir fwriad – enwog oedd
  Llawn o gydymdeimlad;
 Dir achar fu'r ymdrechiad
 A wnaeth dros Iforiaeth fad

Teilwng lwyr-ymataliwr, – i feddwon
  Bu'n fuddiol gynghorwr;
 Fel pob gonest ddirwestwr
 Ei ddiod ef oedd y dŵr.

To Garibaldi

Build to Garibaldi – an edifice
   To defy times stormy,
  An institute of beauty
  For you are forever free.

[This translation is the work of the late Rev W. Rhys Nicholas and is remarkable in that it adheres totally to the strict rules of the englyn and cynghanedd.]

To Mr John James, Crown Hotel, Aberdare

A patriot is the man of the Crown – a stout man,
   Quiet and faithful,
  There's affection in his salutations
  In his work, it must be said.

Englynion *in memory of Samuel Francis,* **teetotaller**

Samuel Francis a choice – friend
   And patriotic Ivor,
  Alas, it is an infinite sadness
  To bury so worthy a man.

An Ivorite of true intentions – famed
   And fully sympathetic,
  True and affectionate his endeavours
  For the good of Ivorism.

A worthy abstainer – to drunkards
   A beneficial adviser;
  Like every honest teetotaller
  His only drink was water.

Englyn yn canmol cyfrol gan Alaw Ddu

Hoff gymorth diddan i ganu – er budd
   Yw llyfr bardd awengu;
    Am ddeunaw cael meddiannu
    Y wledd hon gan Alaw Ddu.

*[William Thomas (1832-1904), y cerddor a'r cyfansoddwr o
Bwll-y-Glaw, ger Pontrhydyfen. Daeth i fyw i Bontypridd ym 1864.
Fe'i cofir yn bennaf heddiw am emyn dôn o'r enw* Glan Rhondda,
sef teitl gwreiddiol Hen Wlad Fy Nhadau! *Daw'r englyn o lyfrau
cyfrifon Evan James, Amgueddfa Werin Sain Ffagan.]*

Englynion i Mr Aaron Cule ar ei ethol yn Warcheidwad ym Mhlwyf Llanwynno, Ebrill 12, 1869

Y gwrda gaed yn gardian – Aaron Cule,
   Gwron cu ei amcan,
    O ddidraws hynaws anian,
    Hoff ŵr hedd – e wnaiff ei ran.

Nid rhyw flagard o gardian – a garwn,
   Ond geirwir ddyn diddan
    A ŵyr beth yw gwerth arian,
    A châr gwir o ochr y gwan.

*[O'r llyfrau cyfrifon, Amgueddfa Werin Sain Ffagan. Yr oedd
Aaron Cule yn gymydog i Evan James yn Mill Street,
Pontypridd]*

An englyn *in praise of a book by Alaw Ddu*

Pleasurable aid to singing – and beneficial
    This book by our poet;
  For one shilling and sixpence
  Behold this feast from Alaw Ddu

[Alaw Ddu, or William Thomas (1832-1904), was the musician and composer from Pwll-y-Glaw, near Pontrhydyfen. He came to live in Pontypridd in 1864. He is best remembered for the hymn tune Glan Rhondda, the original title of Hen Wlad Fy Nhadau! This englyn comes from Evan James's accounts books, National History Museum, St Fagan's.]

Englynion *congratulating Mr Aaron Cule on being elected Poor Law Guardian for the Parish of Llanwynno, April 12, 1869*

A good man is the guardian – Aaron Cule,
    Kind in his intentions,
  Never cross, of genial nature,
  Beloved man of peace – he'll play his part.

Not some blackguardly guardian – the man we love,
    A truthful amusing man
  Who knows the value of money,
  A loyal friend of the weak.

[From the accounts books, National History Museum, St Fagan's. Aaron Cule was one of Evan James's neighbours in Mill Street, Pontypridd.]

I Eisteddfod Nadolig Gelli-gaer

Ffrwyth yr awen arbennig – a glywir
  Mewn gloywwaith goethedig;
  Gresyn os bydd un dyn dig
  Yn y delyn Nadolig.

Yn ôl ar ddydd Nadolig – a heibio
  Mae'n gobaith wŷr diddig;
  Dewr waith ein heisteddfod drig
  A gwawl hon yn galennig.

[O'r llyfrau cyfrifon, Amgueddfa Werin Sain Ffagan.]

Brawdgarwch

Ei ddeilaw a'i arddeliant – nodaf
  Yn nydd ing neu fethiant,
  Dewrwych yw, wrth dorri chwant
  A gwên ei brif ogoniant.

[O'r llyfrau cyfrifon, Amgueddfa Werin Sain Ffagan.]

Englyn i'r Fwyell

O gadarn haearn gwnaed hi – os byr yw,
  Coes o bren sy trwyddi;
  Min dur yw'r man i dorri –
  Ba well arf na'm bwyell i?

*[O'r llyfrau cyfrifon, Amgueddfa Werin Sain Ffagan.
Tachwedd 27, 1867.]*

To the Gelli-gaer Christmas Eisteddfod

Essence of the finest muse – is heard
*   In lucid refined work;*
*   Shame if there be one indignant man*
*   At the harp of Christmas.*

Once more on Christmas Day – continuing
*   Our hopes, gentle men;*
*   The stout work of our eisteddfod lives*
*   And its light a New Year's gift.*

[From the accounts books, National History Museum, St Fagan's.]

Brotherly Love

Its two hands an avowal – I note
*   On a day of distress or failure,*
*   Gallant, while quenching lust,*
*   A smile its greater glory.*

[From the accounts books, National History Museum, St Fagan's.]

Englyn *to the Axe*

Made of stoutest iron – it may be short,
*   A wooden stem goes through it;*
*   An edge of steel where you smite –*
*   What better tool than my axe?*

[From the accounts books, National History Museum, St Fagan's. November 27, 1867.]

Englynion i'r dyn hunanol

Hunanwr, broliwr, bair helaeth – ddadwrdd
    Ydy'i oruchafiaeth;
   Anwych ŵr, ni fedd ddawn, chwaith,
   I gyrraedd nod rhagoriaeth.

Heb eirda fe honna burdeb – mewn dysg,
    Mewn dawn a doethineb,
   Ei ymffrost glywch, uwch na neb
   Yn niwldarth hunanoldeb.

*[O'r llyfrau cyfrifon, Amgueddfa Werin Sain Ffagan. Nodir
Eisteddfod Aberpennar, 1869, uwch ben yr englynion hyn.]*

Cadair Wag Rhuthun

Ai distaw fu'r beirdd ar destun – y Gogledd?
    Gwagle sy'n y celfyn;
   Ymhlith y lluoedd nid oedd dyn
   O werth i Gadair Rhuthun?

*[O'r llyfrau cyfrifon, Amgueddfa Werin Sain Ffagan,
Awst 30, 1868. Eto mae gwall yn y llinell olaf.]*

Englynion *to a selfish man*

Selfish, braggart, stirring considerable – uproar
    Is his greatest triumph;
  Irresolute man, with no talent
  To achieve excellence.

Without reason he professes purity – of knowledge,
    Talent or of wisdom,
  His boasting heard, above all
  Misted in his conceit.

[From the accounts books, National History Museum, St Fagan's. The Mountain Ash Eisteddfod, 1869, is noted above these englynion.]

The Empty Chair at Ruthin

Were the poets silent on the subject – of the North?
    There is a void in the utensil;
  Among the many was there no man
  Worthy of the Chair of Ruthin?

[From the accounts books, National History Museum, St Fagan's, dated August 30, 1868. Evidently there had been no Chairing of a poet that year at the Ruthin Eisteddfod.]

CERDDI TEULUOL

Atgof

Yn unol a'm haddewid
  Mi ddes i lan yn fwyn
I weled fy rhieni
  Sy'n byw yn Nhroed-rhiw'r-trwyn,
A tharo wnaeth i'm meddwl
  Hen gofion am y lle
A elwid Ffos-yr-hebog
  Gerllaw i Frynyre.

Ces yno le cysurus
  Ar un o fryniau'm gwlad,
Dan ofal gwyliadwrus
  Fy llysfam fwyn a'm tad.
Cawn ymborth maethlawn blasus –
  Tost, teisen, llaeth a thê –
A thoisyn ar rai prydiau
  Pan fyddai nhad o dre.

Wrth wal pendraw y Coedca
  Eisteddais lawer awr,
Prydyddais rai caniadau
  Ar fin y mynydd mawr;
Doedd yno fawr o ddynion
  Er hynny teimlais fwyn
Hoff natur i'm diddanu
  'Mhlith eithin, grug a brwyn.

Wrth ffynnon bwll y Coedca
  Mawr y prydyddu fu,
Fy llysfam weithiau'n pipian
  'Nôl hynny wip i'r tŷ.
Hi geisiai fy mherswadio
  Y gwnawn brydyddu'n well
Ond cael 'long pipe' i smocio
  Gerllaw i dan y gell.

FAMILY POEMS

Memory

In accord with my promise
* I went in gentle mood*
To visit my old parents
* Who live in Troed-rhiw'r-trwyn,*
Stirring within my thoughts
* Memories of the place*
Known as Ffos-yr-hebog
* Near to Brynyre.*

My childhood was so pleasant
* On one of Wales's hills,*
Under the watchful presence
* Of my stepmother and my father.*
My food was good and tasty –
* Toast, cake, milk and tea –*
And a little dough occasionally
* When my father was away.*

By a wall far end of Coedca
* I sat for many an hour,*
Penning sometimes a poem
* Close to the mountain's edge;*
There were not many people
* And yet I gently felt*
Sweet nature so diverting
* Midst heather, rushes, gorse.*

By the well of Coedca
* Much poetry did I write,*
My stepmother sometimes peeping
* Then nipping back indoors.*
Sometimes she would tell me
* My muse would be improved*
If I smoked a long pipe
* When writing in my grove.*

Bu gennyf ddafad unwaith,
  Cadd lond ei bol o fwyd,
Ond, och fi! hon fu farw
  Rhwng gwal a phost y glwyd.
Mi wneuthum farwnad iddi,
  Er mwyn cael ysgafnhad
I'm hiraeth – mae'r gân honno
  Yn rhywle gan fy nhad.

Rhy anodd i'm atgofio
  Yr holl hen droeon fu
Gerllaw i'r Mynydd Mawnog
  Dan nawdd rhieni cu.
Er gadael Ffos-yr-hebog
  Mor annwyl gennyf yw
Cael gweld fy serchog lysfam
  A'm parchus dad yn fyw.

[Yn Nhroed-rhiw'r-trwyn, ffermdy ar yr hen ffordd o Drehopcyn i Lwyncelyn, filltir neu ddwy o Bontypridd, yr oedd tad a llysfam Evan James yn byw ddiwedd eu hoes. Bu farw'r tad yno ym 1856. Wrth fynd i weld y ddau mae Evan yn hel meddyliau am ei blentyndod yn Ffos-yr-hebog a mynydd Gelli-gaer.]

I Taliesin

Eled er da reolau – i Lundain
  Ar lawndaith 'mhen dyddiau;
  Y lle hwn a wna wellhau
  Taliesin, perchen tlysau.

I had a sheep at onetime,
  It was indeed well fed,
But, woe me! It perished
  Between the gatepost and the wall.
I wrote an elegy for it,
  In order to relieve
My grief – I know my father
  Has kept it somewhere safe.

It's too much to remember
  All the old twists and turns
By that peaty mountain
  Cared for by parents fond.
Although leaving Ffor-yr-hebog
  So dear 'tis to see
My amiable stepmother
  And kindly father well.

[Troed-rhiw'r-trwyn, a farmhouse on the old road from Hopkinstown to Llwyncelyn, a few miles from the centre of Pontypridd, was the home of Evan James's father and stepmother in the latter years of their lives. Evan's father died there in 1856, the year Hen Wlad Fy Nhadau was composed. On his way to visit them Evan recalls his childhood in Ffos-yr-hebog and Gelligaer mountain.]

To Taliesin

May he go in good order – to London
  On a journey within days;
  That place will improve
  Taliesin, the prizewinner.

[An englyn to Taliesin James, Evan's grandson, as he prepared to leave to study at the Royal Academy of Music. Taliesin eventually became harp tutor at University College of Wales, Cardiff.]

Englynion i'm Rheni,
Pant- y-trwyn, Mynydd Islwyn

Tyrd awenydd, tro dy wyneb – ataf
   Eto mewn prysurdeb,
  I gofio llon diriondeb
  Mam a thad, yn anad neb.

Diddanwch ydoedd yno – a chariad
   Gwych eirian yn llwyddo;
  Serchogrwydd oedd arwydd o
  Wir heddwch, heb farweiddio.

Rhagluniaeth helaeth olwyn – hon a'ch dug
   Chwi'i dir Mynydd Islwyn;
  Ac hefyd mewn modd cufwyn
  Y pwynt droes at Pant-y-trwyn.

Bywyd o hedd fo'ch meddiant – bob ennyd,
   Heb unwaith aflwyddiant;
  'Bendith i'ch plith,' medd eich plant,
  'Ewyllysiwn eich llesiant.'

[Dyddiad: y Dydd Byrraf, 1837.]

Englynion *to my Parents, Pant- y-trwyn,* *Mynydd Islwyn*

Come muse, turn your face – towards me
    Once more in earnest,
  To recall the jolly gentleness
  Of a mother and father above all.

It was so comforting there – where love
    So pleasantly prospered,
  Affection a symbol of
  Endless and true tranquillity.

Providence's generous cycle – brought
    You to Mynydd Islwyn;
  And in a gentle manner
  The point turned to Pant-y-trwyn.

May you enjoy a life of peace – at all times
    With never any misfortune;
  "Blessings among you," say your children,
  "Our desire your best welfare."

[Dated the shortest day, 1837. Although he refers is to his father and mother, it would have been his father and stepmother.]

Onnen Fy Nhad

Bore da, i fy nghydwladwr,
  Gwyliedydd toriad gwawr,
I ble teithi'r dewr goedwigwr
  Â'th finiog fwyell fawr?
'Rwyn mynd i gwympo y derw a'r ynn
Gerllaw Carnedd Ieuan ar lechwedd y bryn.'

Hoff yw carnedd braf fy nhadau
  Lle treuliais fore f'oes,
Man cês ddidwyll hyfforddiadau
  Ar lwybrau dysg a moes,
Yn agos i'r berllan roes gynt i'm foddhad
Mae onnen a blannwyd gan ddwylaw fy nhad.

Na fydd imi'n anghofiedig,
  Atolwg wyf i ti,
Cadw draw o'r garnedd unig
  Cans annwyl yw i mi.
Os perchi fy nheimlad a'm traserch goffâd
Gad lonydd i'r onnen a blannodd fy nhad.

Gan nas gwelaf ôl y llwybrau
  A deithiais mor ddinam,
Gan mai chwyn sy'n toi'r ardd flodau
  Gynt drwsiwyd gan fy mam;
Pwy fydd mor ddideimlad a rhoi caniatâd
I dorri'r onnen a blannodd fy nhad?

[O'r llyfrau cyfrifon, Amgueddfa Werin Sain Ffagan.
Dyddiad: Mai 23, 1867.]

My Father's Ash

Good morning, my compatriot,
  Watchman of the dawn,
Where do you go brave woodman
  With your mighty axe so sharp?
'I'm going to cut the oak and the ash
By Carnedd Ieuan on the side of the hill.'

Dear the fine cairn of my fathers
  Where I spent my childhood days,
Where I received instructions
  In good and moral ways,
And near the orchard that gave me such pleasure
Is the ash that was planted by the hand of my father.

My request be not forgotten,
  That is my plea to you,
Keep from that lonely cairn
  So dear to my heart.
If emotions and memories of mine you respect
Spare that old ash my father did plant

No more I see the footpaths
  I travelled formerly,
Weeds cover the flower garden
  My mother used to tend;
Who will be so heartless as to allow
The cutting of the ash my father did plant?

[From the accounts books, National History Museum, St
Fagan's. Dated: May 23, 1867.]

Pryddest ddi-odl o alarnad ar ôl fy mrawd Richard James yr hwn a hunodd, Mai 20ain, 1835

Pa beth a wnaf, pa gysur fydd im' mwy
Tra teimlwyf hiraeth tan fy mruddaidd fron?
Fy ngahlon fach wnaeth suddo megis plwm;
Fy ocheneidiau trist arwyddant gur
Yn fewnol; a fy nagrau gloywon red
Yn ffrwd orlifog tros fy wyneb llwyd.
Pa ryfedd yw gan i mi golli brawd
A chyfaill ffyddlon dihafalydd. Trist
I'm henaid gofio am yr amser gynt
Pan oedd ei serchog wen a'i eiriau mad
Yn peri im yn fynych ymhyfau
Nes torri trwy ofidiau trist y byd.
At ryw oror aeth fy annwyl frawd -
I dir Amerig neu i Asia boeth.
Ni ellir ffurfio gobaith y daw'n ôl
I blith ei berthynasau trist – na nid
I dir Amerig nac i Asia 'chwaith
Nac unrhyw wlad tan ddisglaer huan nef,
'Does lygad mwy a'i gwel yn rhodio'n dâr.
Pa le y mae gan nad yw yn y byd?
Fy nghalon waeda gan na wnaf enwi ble
O fewn y distaw fedd y mae ei gorff
A'i enaid aeth at Dduw yr hwn a'i rhoes.
Er bod ein brawd ymhell o dir ei wlad
Ychydig wyddom am ei helynt ef;
Beth oedd ei deimlad pan yn gorfod ffoi
O dre i dre. Mewn nerth a dychryn hêd
Mal alltud prudd heb wybod man i droi
Rhag syrthio'n aberth idd y marwol haint.
Gofidus iawn oedd in' ei ganfod ef
Yn troi ei gefn 'nôl rhoddi'r ffarwel oer.
Mae gobaith yn cysuro'r galon brudd
Gan addo ei ddychweliad dedwydd ef
Yn hoenus iach i'w enedigol dref.
Ond am fy mrawd trancedig nid oes sail

An ode in blank verse in memory of my brother Richard James who died on May 20, 1835

What shall I do, what comfort is there now
For the suffering and grieving in my mournful breast?
My tiny heart sank deep as if of lead;
My sighs so sad signify internal
Pain; my shining tears running bright
A stream that overflows my ashen face.
What wonder since a brother I have lost,
A faithful and a peerless friend. Sadly
In my soul recalling the old times
When his loving smile and kindly words
Would help me often strengthen and take heart
And cast away sad worries of this world.
To some land my dear brother went
To America or hottest Asia.
There is no hope that ever he'll return
To his kinsmen in their grief – nor
To America and not to Asia afar
Nor any country under heaven's sun,
No eyes will see him strolling our land.
Where can he be, he's no more on our earth?
My heart bleeds since I cannot name the place
Where is the grave wherein his body lies
His soul resting with God from whence it came.
Although our brother is far from his land
We know but little of his wanderings;
What were his feelings when he had to flee
From town to town. With all speed in terror
He fled, sad exile not knowing where to turn
From falling prey to the mortal plague.
Grievous was it to behold him leaving
Turning his back and that cold farewell.
Hope can sometimes comfort grieving hearts
Promising a blissful return some day of
The wanderer joyous to his native town.
But my dead brother, I can never hope

Y caf ail gyfrinachu fyth ag ef.
Anobaith du sy'n llanw'm mynwes gu
Gan feithrin ynwyf hiraeth trist a nych.
Och! Gaeaf du tymhestlog oerllyd iawn
A'm goddiweddodd pan yn nhymor haf,
Y blodau heirdd amryliw a fu gynt
Gan hoff serchogrwydd yn addurno'r tir;
Hwy roes eu holl – ni fedrant harddwch mwy -
Darfyddodd ei gorwychder mirain chweg.
Paham, paham y bu'r fath ddifrod trist
Nes peri i anian fywiog i lesgâu?
Ond, och! angeuol gorwynt ruthrol ddaeth
Nes gwywo un o'r lleisiau hynod hardd
A feddai'n gwlad.

[Cefais y copi o'r gerdd hon gan Mrs Barbara Jenkins, Mynydd Cynffig. Mae'n bosib iddi ddod o lawysgrifau'r Llyfrgell Genedlaethol. Mae'n amlwg i'w frawd, oedd ychydig yn hŷn na Ieuan, farw mewn gwlad dramor.]

Cân am Bren Afalau, Mari fy Chwaer, Bargod
(Tôn: Highland Mary)

Ar lan nant Bargod treuliais gynt
  Flynyddau fy mabandod;
Mor hoff yw myned ar fy hynt
  I weld fy hen breswylfod.
Chwaraeais filwaith gyda'r plant
  Ar wastad waun y felin
A chyd-ymdrechu neidio'r nant
  Gerllaw y domen eisin.

  Os byth yr âf i'r Gelli-gaer
    Mor unol a fy elfen,
  Gweld pren afalau Mari'm chwaer
    Sy'n tyfu gerllaw'r focsen.

That we, two, shall ever speak again.
Dark despair overflows my dear breast
Nursing sad longing and pining in my heart.
Alas! A cold and stormy winter came
And overtook me in a summery month,
The lovely many-coloured flowers once
Affectionately, fond, adorned the land;
Gave their all, no more can they give –
Wasted away their gorgeous comely beauty.
But why did come this grievous desolation
Withering vivacious nature in its wake?
Alas! A deadly vicious whirlwind rushed
Silencing one of the sweet and lovely voices
Of our land.

[I was given a copy of this poem by Mrs Barbara Jenkins, Kenfig Hill, a descendant of Evan James. A copy may also exist in the National Library manuscripts. Evidently Richard James, an older brother, died in a foreign country, possibly in battle.]

To the Apple Tree of my Sister, Mary, Bargoed
(Tune: Highland Mary)

On the banks of Bargoed's stream I spent
  The years of my youth;
And how I love to make my way
  To see my ancient dwelling.
A thousand times I played with friends
  On the meadow by the mill
Striving to jump across the stream
  Besides the mound of husks.

Whenever I go to Gelligaer
  As I sometimes tend to do,
I long to see that apple tree
  Growing beside the box.

Rwyn cofio'r ardd gynhyrchiol iawn
　Gogyfer â'r Hen Dafarn,
Ac ar ei chamfa draenen gawn
　I'w diogelu'n gadarn.
Ni feiddiai neb heb ganiatâd
　Anturio i'w chyffiniau,
Er cael i'w fynwes wir foddhad
　Ymhlith ei pheraidd ffrwythau.

Os byth yr âf &c

Dychmygaf weled Tom fy mrawd
　Yn chwynnu ymhlith y cennin,
A Dan â'i got yn wyn gan flawd
　O'i wirfodd gyda'i erfin;
A Mari draw yn llwyd a llaith
　Yn prysur drin y blodau,
Gan daflu'i golwg ambell waith
　At ei hoff bren afalau.

　Os byth yr âf &c

Fy chwaer, fy chwaer, mor annwyl yw
　Ei theulu gwiw a'i thrigfan,
Yr ym ni'n dau yn wan a gwyw
　Yn hydref pellder oedran.
O boed i'w phren gael chwarae teg
　Drwy deilwng iawn feithriniaeth
Fel dygo eto aeron chweg
　Yn berlau'i choffadwriaeth.

　Os byth yr âf &c

[O'r llyfrau cyfrifon, Amgueddfa Werin Sain Ffagan.
Dyddiad: Awst 25, 1867.]

I remember that very fertile garden
  Facing the Old Tavern,
And on the stile a staff of thorn
  To keep it safe and strong.
Without permission none would dare
  To venture there and enter,
Enjoying to his heart's content
  Those sweet forbidden fruits.

Whenever I go &c

I imagine seeing my brother Tom
  Weeding amongst the leeks,
And Dan his coat white with flour
  Contented 'midst the turnips;
And Mary yonder pale and soft
  Busy with the flowers,
And casting many a fondly glance
  At her favourite apple tree.

Whenever I go &c

My sister, to her so dear is
  Her family and her home,
We both are now so frail and feeble
  In the autumn of our years.
Long may her tree have true fair play
  Through very worthy nurture
So that it bear sweet pleasant fruit,
  Pearls to my sister's memory.

Whenever I go &c

[From the accounts books, National History Museum, St Fagan's. Dated: August 25, 1867.]

Cân anerchiadawl a anfonais at fy mrawd James James, Pottsville, America, i'w chanu ar y dôn Yr Hen Amser Gynt.

Fy mrawd, er iti fynd ymhell
   Ar daith o'r genglau gwaith,
Dy enedigaeth er fydd gwell,
   Gobeithiaf er gwellâd;
Er hyn i gyd nis gallaf byth,
   'Ffordd bynnag chwytho'r gwynt
Tra byddo ynof anadl chwyth
   Anghofio'r amser gynt.

Cyn iti fynd dros eang fôr
   Ymhell oddi wrthym ni,
Nid ydyw'r galon fach mor o'r
   A dy anghofio di;
Er mynd mor bell er galar im'
   Ar orllewinol hynt
Mae'r hen berthynas yn ei grym
   Fel yn yr amser gynt.

Fy annwyl frawd, 'run tad, 'run fam,
   Mae cyffro drwy fy ngwaed,
Rhag digwydd iti unrhyw gam
   Mor bell o dir dy wlad.
Gofidus iawn yw gennyf i,
   It' wingo'n erbyn gwynt
A'r dagrau lifo'th lygaid di,
   Wrth gofio'r amser gynt.

Cyd-chwareuyddion oeddem ni
   Mewn undeb llon di-frâd;
Cyd-dreuliwyd oriau maith diri
   Dan gronglwyd tŷ ein tâd.
Hiraethus wyf it' fyned ffwrdd
   Gan belled oedd yr hynt
Ac odid fyth cawn eto gwrdd
   Fel yn yr amser gynt.

A poem sent to my brother, James James, Pottsville, America, to be sung to the tune Yr Hen Amser Gynt.

My brother, though you travelled far
    From your old place of work,
And your birthright although changed,
    I trust it shall improve;
And yet I know I never shall
    However blows the wind
While still I have a breath within
    Forget those former days.

Before you crossed the ocean wide
    And far away from us,
The little heart is not so cold
    That I should ever forget;
Although far and to my grief
    You sailed unto the west,
The feelings, they are still as warm
    As in those former days.

My dear brother, same parents both,
    There's stirring in my blood
That you should suffer any harm
    Far from your native land.
I worry much that you did go
    And struggle against the wind
With tears streaming from your eyes
    Remembering those former days.

Fellow players once we were
    In jolly union true;
Spending countless hours both
    Under our father's roof.
I suffer longing now you're gone
    So far away from me
Perchance that we shall ever meet
    As in those former days.

Mi garwn eto siglo llaw,
   Mi garwn weld eich gwedd,
Cyn iddo angau brenin braw
   I'n troi i bant y bedd.
Boed i chwi lwyddiant yn y byd,
   A bywyd hir diboen
A chaffael meddu noddfa glyd
   Drwy rinwedd Gwaed yr Oen.

*[Dyddiad: Awst 1af, 1839. Mae'n debyg mai **Auld Lang Syne** yw Yr Hen Amser Gynt.]*

Y Brodyr sydd Bell

Mor drwm ac hiraethlon ffarwelio â ffrind
   A fyddo'n ymadael â'i wlad,
Cans nid oes un gwrthrych â'i rhwystra rhag mynd
   Ac yntau a'i fryd ar wellâd.
Mi wn am y teimlad, ffrwyth cariad doeth cry,
   Er alaeth, er wylo, pa well?
O eigion fy nghalon, dymunaf yn hy
   Mawr lwyddiant i'r brodyr sydd bell.

Er iddynt ymadael perthnasau hoff iawn
   O hanfod eu tylwyth i bant,
Gwiw les ewyllysiwn a llwyddiant yn llawn
   I'n brodyr, eu gwragedd a'u plant.
Ar adain dychymyg ehedaf yn rhwydd
   Dros foroedd a gadael fy nghell,
Ni all y fron frawdol ond chwenych pob llwydd
   A chysur i'r brodyr sydd bell.

[Dyddiad: y dydd byrraf, 1839. Un o gerddi Evan i'r tri brawd a ymfudodd i'r Unol Daleithau.]

I'd love again to shake your hand,
  I'd love to see your face,
Before death, that king of dread,
  Puts us in the grave below.
Success be with you in this world,
  And long life without strife
And may you have a refuge safe
  Blessed by the Son of God.

[Dated: August 1, 1839. The suggested tune is noted as **Yr Hen Amser Gynt** – it was probably **Auld Lang Syne**.]

My Faraway Brothers

It's heavy with grief that we part with a friend
  When he takes leave of his land,
Because nothing will prevent him from
  Seeking a better life.
I know well the feeling, the chains of our love;
  Why should I grieve and weep?
From the depths of my heart, I wish all that's best
  And success to my faraway brothers.

Although they departed and left behind loved ones
  Their relatives and family back home,
May they all prosper and enjoy success
  Our brothers, their children and wives.
On the wings of my fancy I fly with great ease
  Across oceans and leave my small cell,
My brotherly bosom can only wish well
  And comfort my faraway brothers.

[Another of Evan James's poems to his brothers who emigrated to America. Dated: the shortest day, 1839. The word Druid appears alongside this poem, an indication that he was living in the Ancient Druid Inn, Argoed.]

Ffon Fy nhad

Hen ffon fy nhad; defnyddiol ffon
O ruddin derwen yw,
Nis gallaf lai na pharchu hon
Yn wresog tra bwyf byw.
Ei hen berchennog marw wnaeth
Er hiraeth dwys di-frad,
Oherwydd hyn i'm meddiant daeth
Anwylaf ffon fy nhad.

Cof gennyf am ei ymdrech fawr
I wneud ei gwedd yn gain
Trwy ei llyfnhau dros lawer awr
Â chŵyr, a'i gyllell fain.
Gweld arni weithiau fanion llawn
A lle i wneud gwellhad,
O bryd i bryd yn gywrain iawn
Cabolwyd ffon fy nhad.

Ei haddurniedig ben yn gam
Ac esmwyth iawn i'm llaw,
Ni phair chwysigen, nac un nam
Wrth deithio yma a thraw.
Craff haearn am ei blaen y sydd
Er atal ei byrhad,
Er tramwy creigle gwn nas bydd
Fawr draul ar ffon fy nhad.

Ar ben y glwyd uwchlaw y tân
Fynychaf ddodai'r ffon
Rhag digwydd i'w anwyliaid mân
Chwaraegar gyrraedd hon.
Yn fynych teimlais ynwyf chwant
Ei thrafod, er boddhad,
Nis beiddiwn i na neb o'r plant
Braidd gyffwrdd ffon fy nhad.

My Father's Walking Cane

My father's cane, a useful stick
From the heart of a sturdy oak,
For this I have a deep respect
Lasting long as I live.
Its former owner is now dead
In spite of yearning true,
And that is why it came to me
My father's dearest cane.

I well recall him busily
Shaping its elegant form
Rubbing away for hours
With wax and slender knife.
Spotting the tiny blemishes
On which he could improve,
Thus with time and patience, skill and care
Was polished my father's cane.

Its crooked and adorned head
A comfort in my hand,
No blister does it cause, no mark
As I wander here and there.
An iron clasp is at the tip
Preventing wear and tear,
Although I travel stony paths
My father's cane survives.

Above the fireside and the hearth
He used to place his cane
In case his little dearest ones
Would reach and take it down.
Often I would feel that urge
To handle it, for pleasure,
Neither I, nor others, ever dared
To touch my father's cane.

Ei deyrnwialen oedd ei ffon
Yn ei lywodraeth bur,
Rhy dyner oedd i arfer hon
Er peri briw a chur;
Ceryddai'n ddoeth mewn addfwyn nwyd -
Os na wnai hyn leshad
'Doedd raid ond edrych tua'r glwyd
A bygwth ffon fy nhad.

Pan aeth yn hen, a'i wallt yn wyn
A graddol dreulio'i nerth,
Pan lesg y teithiau lwybrau'r glyn
Yn fwy-fwy teimlai'i gwerth;
Ei bwys roes arni lawer tro
Mewn angen er lleshad,
Pryd hyn cawd profion mwyaf o
Gadernid ffon fy nhad.

[I'w chanu ar y dôn Yr Hen Amser Gynt. Dyddiad 1870]

Beddargraff i'w osod ar feddfaen Catherine James a Lewis James, Aberpennar, Chwefror 1867

Yr hon oedd yn wraig rinweddol – a mam
    Na cheid mwy teimladol;
  Aeth i'r glyn; er hyn ar ôl
  Erys ei chlod anfarwol.

Ei gŵr annwyl gwiw yr unwedd – er ing
    Yma roed i orwedd
  O ŵydd byd. Ond ni chudd bedd
  Ei wir enw a'i rinwedd.

[O'r llyfrau cyfrifon, Amgueddfa Werin Sain Ffagan.]

His sceptre was his walking cane
And his rule was ever just,
Too gentle to ever use it once
For causing bruise or pain;
His censure always wise and mild –
And if that ever failed
He would just cast a little glance
At the cane above the hearth.

As he grew old, his hair turned white
His vigour failing fast,
While feebly walking the vale's paths
He appreciated it the more;
He leant upon it endless times
For comfort and in need,
Then we had the greatest proof
The strength of my father's cane.

[To be sung to the tune Yr Hen Amser Gynt. Dated: 1870]

Epitaph for the tomb of Catherine and Lewis James, Mountain Ash, February 1867

She was a goodly wife – and a mother
Never was one more sensitive;
She went through the vale, but there remains
Her celebrated name.

Her dear husband likewise – despite anguish
Here was laid to rest
From the world's view. But the grave
Hides not his good name nor virtue

[From the accounts books, National History Museum, St Fagan's.]

CERDDI SERCH

Liza Pant-y-llan

Canmoliaeth aml sydd
I ferched hoff fy ngwlad –
Pa le mae'r mab ni rydd
I wrthrych serch fawrhad?
Awyddus iawn wyf i
'Nôl fy awenydd wan
I blethu cân i lodes lân,
Sef Liza Pant-y-llan.

Er ymbleseru'n hir
Ymhlith llancesau llon,
Ni theimlais gariad gwir
Nes i mi ganfod hon.
Yr holl gariadon gynt
Adewais yn y man
Gan hardded llun'r anwylaf un,
Hoff Liza Pant-y-llan.

Geill rhai gan harddwch gwisg
Ymhoffi llawer merch,
Ond nid yw'r cyfryw blisg
Yn gadarn sylfaen serch.
Weddeidd-dra gyda phwyll
Sy brydferth ym mhob man;
Addurna'r rhain f'anwylyd gain,
Hoff Liza Pant-y-llan.

A fedd yr awen fyw,
Pwy na ddyrchafai'i chlod?
Mwyn iawn a gwylaidd yw
Fel gweddai'i ferch i fod.
Hwn yw fy ngobaith dwys,
Os byth daw gwraig i'm rhan;
Boed honno'n ferch feddianna'm serch,
Hoff Liza Pant-y-llan.

[Tybed ai cân i Elizabeth, gwraig Evan, oedd hon?]

LOVE POEMS

Liza Pant-y-llan

Often there is praise
For my country's dear girls;
Where is the lad who will not honour
The object of his love?
But in my fervent ardour
I summon my feeble muse
To weave a song for a lovely lass,
That's Liza Pant-y-llan.

Although delighting much
Among the jolly girls,
I never knew true love
Until I met this one.
All my former loves
Eventually I left
Such is the beauty of this one,
Dear Liza Pant-y-llan.

Some by a charming dress
Are attracted to a lass,
But such a handsome shell
Is no certainty of love.
Decorum and discretion
Are lovely everywhere;
It is these that adorn my love,
Dear Liza Pant-y-llan.

Can he who has the muse
Do nought but sing her praise?
Gentle and modest she
So seemly for a girl.
It is my deepest hope,
If I ever wed a wife,
May she be the one who takes my love,
Dear Liza Pant-y-llan.

[Could this have been written for Elizabeth, Evan's wife?]

Bugail Eglwysilan

Pa beth a wnaf? Trallodus wyf,
Yn wrthrych gwir dosturi'r plwyf.
Fy nghalon dyner sydd fel clwyf
Heb nodded yn anniddan.
Mae hiraeth dwys fel miniog gledd
Yn brathu'm bron heb awr o hedd,
Mor wag yw'r bwth, mor wag y sedd;
Fy annwyl, annwyl Forgan.
Rhyw achos bychan wnaethwn i,
It' fyned ffwrdd, hyn wyddost ti,
O tyred eto ataf i
I fynydd Eglwysilan.

Nid anniweirdeb 'chwaith na thwyll
Erioed a barodd hyn o rwyll
Yn rhwymyn hedd ond diffyg pwyll
Hawdd cofio oedd y cyfan.
Ti gefaist ddidwyll brawf o'm serch
A'm parch i ti yn wraig a merch
O paid a diystyru'm serch,
  Bydd dyner wrthyf, Morgan.
Os dwedais air mewn tymer ffol
O maddau im' a thyrd yn ôl
Ar alwad serch i'm cynnes gôl
I fynydd Eglwysilan.

O fewn yr ardd mae Gwenno fach
Ymhlith y blodau heb fwynhad
A Gomer bach yn gweiddi 'Nhad!'
Gan wylo wrtho'i hunan.
Mor fynych teithiais i cyn hyn
Ynghyd â'm plant yn drist a syn
Trwy'r gwynt a'r glaw i ben y bryn
Er mwyn dy weled, Morgan.
Os nad oes ynot unrhyw chwant
Fy ngweled dan drallodus gant
O tyrd yn ôl er mwyn dy blant
I fynydd Eglwysilan.

[Nodir i'w ŵyr, Taliesin James, gyfansoddi tôn ar gyfer y geiriau.]

The Eglwysilan Shepherd

What will become of me? I'm troubled,
An object of the parish's pity,
My tender heart is like a wound
Comfortless and dismal.
A yearning deep as a sharp sword
Stabs at my breast and gives no peace,
Empty the cottage, void the chair,
My dear, dear Morgan.
It was a very trifling thing,
That made you leave, as we both know,
Oh come again, return to me
To our home in Eglwysilan.

There was no deceit, no wanton act,
That took us both to part
From a peaceful bond and so unwise
We both can now recall.
You had proof of my regard
I honoured you, as wife and love,
Oh, do not spurn my thoughts for you,
Be gentle with me, Morgan.
If I spoke in foolish haste
Forgive me now and come to me
Upon love's call to my warm heart
Back home in Eglwysilan.

Within the garden little Gwen
Among the flowers sadly
And little Gomer calling "Dad!"
And sobbing in his sorrow.
Often in the past I walked
In sadness with the children
Through wind and rain up to the hill
Hoping to see you, Morgan.
If you no longer have a wish
To see me in so sad a state
Do return for your children's sake
Back home to Eglwysilan.

[It is noted that Evan's grandson, Taliesin Jones, composed an air
for these words.]

CERDDI DONIOL

Rhiw Alsi
(ym Mhlwyf Mynydd Islwyn)

Wfft fyth i Riw Alsi, Och fi! Dyna riw,
Bu'n agos a gwneuthur fy esgyrn yn friw;
Mi deimlais fy ngluniau a'm calon yn wan
Wrth gerdded Heol Alsi, yn rhyw fodd i'r lan.

Bryd hyn ar Heol Alsi 'roedd ceffyl a char;
Y ceffyl oedd denau heb flew ar ei war;
Yr heol oedd ddyrys, garegog a chul,
Nid heol i geffyl, ond heol i ful.

Roedd Iago, fy machgen, bryd hyn yn lled falch
Pan oedd ym marchogaeth ar ddau bwn o galch.
Ond gwaeddodd fy machgen yn llawen a llon,
'Mae'r ceffyl bron marw, rhiw arw yw hon!'

'Taw sôn,' ebai'r perchen, 'ni wyddost ti ddim,
'Does ym Mynydd Islwyn un ceffyl o'i rym!'
Er hynny 'roedd Iago yn crïo fel cawr,
'Mae'r ceffyl yn danto, bron cwmpo i'r llawr!'

Y rhiw oedd cyn serthed, a rheswm da pam
Y safai'r hen geffyl yn agos bob cam.
Ar hyn tynnai'r perchen hir ierthyd o'r berth
Gan guro'r creadur oedd wan iawn o nerth.

'O peidiwch a churo'r creadur di-flew,
Nid ydyw'r esgyrnog, 'nalluog fel llew!'
'Na, na!' ebai'r perchen, braidd yn hanner dig,
'Nid oes brinder esgyrn, ond prinder o gig.'

Dwedais, nid llawer o gig byth a gaiff
Os ar hyd Heol Alsi yn fynych yr aiff,
Mae unwaith y flwyddyn yn ddigon yn wir
I farch neu i geffyl rhagora'n y sir.

HUMOROUS POEMS

Alsi Hill
(in the Parish of Mynydd Islwyn)

For shame Alsi Hill, woe me, what a road,
It nearly shook my old bones apart,
My knees and my heart were feeble and weak
Through walking up Alsi, somehow to the top.

There was on the road a horse and a cart,
The horse was so skinny no hair on its back,
So twisted and stony and narrow that road,
Not one for a horse, more one for a mule.

James, my son, was sitting quite proud
Riding in style on two bags of lime.
My boy then shouted worried and loud,
'That horse will collapse on this terrible road!'

'Shut up,' said the owner, 'you know nothing at all,
There's not in Mynydd Islwyn a horse of such might!'
But James was crying for all he was worth,
'That horse will collapse, and he'll drop to the ground!'

The hill is so steep, as everyone knew,
While the old nag was stopping after almost each step.
And then the driver cut a goad from the hedge
And beat the old creature, now in a sad state.

'Oh, don't torture that creature, so hairless and thin,
That one is no lion, the old bag of bones!'
'No, no!' called the driver, now getting quite cross,
'It's got all the bones, but very little meat.'

I said, that he'll never have a chance to grow fat
If up Alsi Hill he frequently climbs,
Once in a year is more than enough
For the county's prize stallion or the very best steed.

Ffolineb alltudio rhyw ladron diglod
Tra byddo Rhiw Alsi i boeni mewn bod;
Fe ddylid mewn blwyddyn roi pobun yn rhydd
A gerddo heol ddiffaith ond dwywaith y dydd.

Pe buaswn ond gwybod pan wrth Bont-llan-fraith
Y cawn fath riw ffiedd cyn diwedd y daith
Mi fuaswn, rwyn coelio, yn ceisio a'm dwy goes
Gael pen draw i'm siwrnai drwy ffordd Gelligroes.

[Dyddiedig o gwmpas 1838 – 41.]

Tribannau i Gath

Y gath er budd y gweithwyr
Sy'n wychawl i fasnachwyr,
Yn eu nerth ei gwerth, yw'r gwir
Ddaioni i'r tyddynwyr.

Tra rhyfedd y rhinweddau
A bair mewn ysguboriau,
Ni âd i'r llygod hynod hy
Fyw fory mewn llafuriau.

Y gath a ladd y gwaddod,
Hyll agwedd ddifa'r llygod,
A'i cadw draw rhag briwiaw'r brâg
A'r cywion a'r cywennod.

Y gath drachefn rydd ddefnydd
Fael annwyl i felinydd,
Rhag llygod ffrengig, lythig lwyth,
Arbeda ffrwyth a'r bwydydd.

A rywfodd mae'n rhyfeddol
Na fyddai treth 'chwanegol
Oherwydd cymaint rhinwedd cath
O gadw'r fath un gedol.

[Dyddiad, 1837.]

What folly to put robbers under lock and key
While Alsi exists as a torment for all,
By this time next year each one should be freed
And made to walk up this road twice a day.

If only I knew when at Pont-llan-fraith
I'd face so loathsome a hill on my route
I would, I believe, try with my two legs
To end my journey on Gelligroes road.

[Probably written around 1838 – 41.]

In Praise of a Cat

The cat, useful to all workers
Is splendid for the merchants,
In her strength, her true value is
Her profit to the crofter.

Wondrous are the virtues
She displays in the granaries,
She will not let the mice be bold
And live in the corn tomorrow.

The cat that kills the moles,
So ugly, kills the vermin,
And keeps them away from spoiling malt,
The chickens and the pullets.

The cat again is useful
Gives sweet profit for the miller,
From the rats, gluttonous tribe,
She saves the fruits and foods.

And somehow it's a wonder
There are no extra taxes -
Such are the benefits of a cat -
For keeping one so skilful.

[Dated, 1837.]

Y Drive
(I alaw Billy O'Rourke was a Boy, Sir)

Rhai rhyfedd iawn sy yn y Mount
Wrth bob *account* amdanynt,
Mi fûm yn nhŷ Wil Morgan Sam
Yn holi am eu helynt.
Ar ryw ddiwrnod, ar fy ngair,
E welwyd tair gwraig wiwlon
Yn mynd mewn trap mewn modd dinam
A'u cynnig am Gwm Cynon.
Wrth gwrs, roedd ganddynt *driver* braf
Sef Dan y Navigation.

'Nôl croesi'r bont, ac lawr i'r trip,
'Doedd eisiau chwip, rwyn gwybod,
Ar gefn y gaseg hardd ei llun,
Mae hon yn un mor hynod.
'Nôl myned heibio'n llon ac iach
I'r Allens, a Chroseli,
A phasio wedyn mewn *speed* dda
Y Barricks, a Whillberi,
Heb feddwl fawr y byddai stop
A chwympo *topsy-turvy*.

Cyn cyrraedd twinpic Cefan glas
Bu damwain gas echrydus;
Bu darfod ar y sprec a'r *fun*
Drwy hynny yn druenus.
Gofynnodd Dan am binsh o snyff,
Yn ei ddull ryff cyffredin,
Gan wenu ar y gwragedd teg
A charthu'i geg â chwerthin;
Fe dorrodd shafft y trap – neu'r car –
A Doli ar ei deulin.

Trwy bellach ffaelu mynd ymlân,
Jones a'r ddwy Sian yn tynnu,
Yr oedd y *driver* lawer gwaeth –
Ar unwaith aeth i grynu.

The Drive
(To be sung to Billy O'Rourke was a Boy, Sir)

They're a funny lot up in the Mount
By all account, I gather,
There was, said Will Morgan Sam
A great amount of bother.
One sunny day, I tell no lie,
Three lively girls did summon
And travelled by a pony and brake
Directly to Cwm Cynon.
No better driver they could have
Than Dan, of Navigation.

Across the bridge, at cracking speed,
No need for whip, so frisky
Was that plump and glossy mare
They had there, a beauty.
Full of cheer, very grand
Past Allens and Crosselly,
On towards, these were not far,
The Barracks and Wheelberry,
Without knowing how they'd stop
And tumble topsy-turvy.

Before twin peak at Cefn Glas
There was a happening nasty;
There came an end to the brake and fun
Out in the sun, a pity.
Dan asked one for a little snuff -
He is so rough and ready -
Grinning at the ladies fair
The reins were now unsteady,
The bend was sharp, the shaft went crack
And on her back, the pony.

Now no further could they go
So slow, two Sians were pulling,
The Driver now was in a state –
Of late he started shaking.

Y gaseg fach oedd ar y llawr -
Wnaeth Daniel fawr ddaioni,
Ar ei benliniau bu am sbel
Arwyddo fel ar weddi;
Fe waeddodd Sian o dan y llwyn,
'Y Bwbach, cwn y babi!'

Pa fodd y bu ym mol y clawdd
Nid gorchwyl hawdd darlunio;
Roedd gwisogoedd rhai, gwir wyf yn ddwe'd,
O'r gwragedd wedi rhwygo.
Un yn crïo, 'Rwyn rhy wan
I godi lan oddi yma.'
A'r llall 'nôl iddi golli'i ffrwyn
Yn achwyn am yr ucha;
'Mae'ch braich chwi, Modryb, gam ei gwar,
Fel bilwg ar fy'm bola.'

Fe gododd Sian y Babi i'r lan
A gwnaeth y *plan* yn gryno,
A pharodd ei hymdrechion hi
I Ddaniel i ddihuno.
Hi ddwedodd, 'Dan, ewch at ddyn dwys,
Mae'n byw ar bwys y Basin,
Cynorthwy ganddo, gwn a gâf,
Un sionc yw Dafydd Shincyn.
Os dwedwch wrtho ni mewn pang,
Mewn ffratach anghyffredin.'

Yr oedd y trap yn eithaf llwm,
Trwy godwm mor rwygadwy.
Gorweddai tair gerllaw y berth
Nes deuai nerth cynorthwy.
Gosodwyd rwg dew ar y llawr
Odanynt, mawr ei deunydd,
Ond rhaid oedd shiffto am y tro
Heb un math o obennydd;
Chadd neb o'r blaen o Mountain Ash
Fath wely ffashwn newydd.

The little mare she struggled hard –
While Dan, the card, was grovelling,
On his knees he was, and stiff,
As if he was a-praying,
Sian shouted from the hedge
"Get up, you sledge, stop blabbing!"

The way they were down in the ditch -
That pitch takes some describing:
The women's dress, caught on a thorn
Were torn in need of mending.
One cried out, 'I am too weak
To sneak off home not sprightly.'
Another having lost her hat
Was shouting at her Auntie;
'Move, and shift your bony arm,
It's harmful to my belly.'

Who then got up but our Sian
And made a plan so tidy,
It was she who brought some sense
To that dense chap, that Danny.
She said, 'Go, there's a decent man
Who lives, Dan, by the Basin;
I know from him some help we'll have,
From kindly Dafydd Shincyn.
Just tell him that we're in a stew,
With not a clue for escapin'.'

The brake was in a sorry plight
Unsightly, this occurrence.
Three were lying in the brush
Crushed, waiting for assistance.
A rug was spread upon the ground
Rolled round beneath a willow,
This was, 'tis true, a little rough
To suffer with no pillow;
Not a bed in Mountain Ash -
Such fashion in the hedgerow!

Cyn hir daeth Dafydd yno'n awr
A Dan, er mawr daioni,
I gyrchu'r trap ynghyd â'r rhain
Cyn amser train rhag tr'eni.
Fe awd a'r trap, gerllaw i Dâf,
Ar gais i'r Navigation.
Yr ydoedd Daniel a'i drwyn cam
Yn ynfyd am ei anfon
I Aberdâr, mewn modd di-goll
Er gwaetha'i holl archollion.

Os oedd i'w weled fel ar spred
A'i esgyrn wedi mysgu,
Fe'i cawd i'r tryc yn eitha saff
A phedair rhaff i'w glymu.
Ond rhag dyfod, amlwg yw,
I'r golwg ryw ddirgelion
O dan *tarpaulin* rhoed y trap
Rhag denu llap y dynion
Ac i hen *ddriver* Mountain Ash
I oddef lash a loesion!

Y gwragedd mwyn wrth ddod yn ôl
Fu'n siriol ymgysuro,
A lan i'r Mount, trwy nerth y train,
Fe ddaeth y rhain yn gryno.
A boed gan Ddaniel ar bob awr
Ryw ofal mawr wrth ddreifo
Rhag iddo ddigwydd gwneuthur fflat
O'r unrhyw natur eto,
Gwell yw dibrisio tyllau'r trwyn
Na cholli'r ffrwyn o'i ddwylo.

[*Gweler yr alaw ar dudalen 252.*]

With cheery smile Daf did arrive,
With Dan, all five were grateful,
To fetch the brake and passengers
By train, no worse, so careful.
It took the brake, from by the Taf,
Back to the Navigation.
Daniel with his broken nose
Was close to desperation,
To Aberdare, as swift he could -
He would avoid sensation.

To be seen, this he did dread,
And he half dead and aching,
They put the brake right on the top
Four ropes would stop it shaking.
And in case it might be seen -
To screen it from the rabble -
The brake by a tarpaulin hid
So people did not dabble
In gossip, and Dan from Mountain Ash
Suffer no lash or babble.

The gentle ladies they came back
Along the track so weary
Up the Mount, inside the train,
And in some pain, not merry.
May our Daniel from now on
When he has gone out driving
In case there should be once more
In store a similar happening,
Forget the snuff ignore the nose
Keep on your toes, no slacking.

Cân ar ymgyrch garwriaethol mab ieuanc

Pan oeddwn yn fab ieuanc
Mi ês i garu merch,
Nis gwyddwn i bryd hynny
Pa fodd i draethu'm serch;
Yr oedd hi'n rhy siaradus
Ac yn ddisynnwyr iawn –
Rhoes ffarwel i'm hanwylyd
Yn rhwydd yr un prynhawn.

Rôl hynny mynd i garu
Â geneth writgoch lân
A'm gobaith nawr am lwyddiant
Yn well na'r tro o'r bl'an;
Mawr oedd fy siomedigaeth
Pan y dywedodd hi
'Rwyn caru bachgen arall
Amgenach na thydi'.

Mi brynais ddillad newydd
Er gwneud fy ngwedd yn wych
Gan gribo ngwallt a'i oilo
Yn fynych wrth y drych.
Anturiais fynd i garu
I fyny ac i lawr –
'Doedd dim yn dod i Shoni
Ond siomedigaeth fawr.

Cael caru merch gyfoethog
Yn awr a lenwai'm bryd,
Os llwyddo ei phriodi
 Er mwyniant yn y byd.
Mi welais un i'r pwrpas
Mi euthum yn fy mlaen,
Cyferchais hi yn barchus,
Ond collodd Gwen ei graen!

Poem on a young man's love campaign

When I was a young man
I went to woo a girl,
I did not know at that time
How to express my love;
She had too much to say
And not too sensible –
I bid farewell to my dearest
That very afternoon.

And after I went courting
A ruddy handsome lass,
My hopes I'd be successful
Were better than before;
I was so disappointed
When she said to me
'I love another laddie
More suitable than you.'

I bought myself a new suit
To make myself look smart,
Combing my hair and oiling
It often by the mirror.
I ventured to go courting
Walking back and fore –
There was no luck for Shoni
But disappointment, now.

To court a young rich woman
Became foremost in my mind,
Enticing her to marriage
Would suit me in this world.
I saw one for that purpose
And took appropriate steps,
I greeted her so kindly,
But Gwen soon lost her gloss!

Dywedai'n ddiglawn wrthyf
'Mae'n rhaid dy fod yn ffol,
Rwyf i yn ferch gwerth cymaint,
Paid dyfod ar fy ôl.
Ti allu'n rhwydd fy nghredu
Na ddof i'th ddilyn mwy.
Meddyliais yn fy nghalon
Dy fod werth mil neu ddwy.'

Mi ês i garu Saesnes,
Mewn anwybodaeth im
Ni wyddai air ond Saesneg
A minnau'n gwbod dim.
Rhy anodd ydoedd caru
Dim Saesneg, dim Cymrâg,
Gadewais hi heb gusan
Mewn heddwch pur di-nag.

I garu euthum eto -
Er colli chwech neu saith -
Â morwyn serchog ddiwyd
Arferol iawn â gwaith;
Dywedais yn fy meddwl
O, am ei hennill hi,
Tra'i bod yn arfer gweithio
A gweithiwr ydwyf i.

Nid hir iawn fu'r garwriaeth
Bur rhyngom ni ein dau
Cyn dod i'r penderfyniad
A myned dan yr iau.
Mae seiliau'r didwyll gariad
Yn gadarn fel y graig,
A hyn sy'n peri cysur
A hedd rhwng gŵr a gwraig.

*[Geiriau i'w canu ar y dôn **Caru'r Lleuad**. Gweler yr alaw ar dudalen 253.]*

Indignantly retorting
'You are a foolish boy,
I am worth a fortune,
Don't try to follow me.
Believe me now I will not
Come after you again,
I thought that you had, maybe,
Some money in the bank.'

I loved an English woman,
But then I did not know
That she spoke only English
And I spoke none at all.
Courting was not that easy,
No English and no Welsh,
I left her without a kiss
In peace, I don't deny.

Once more I went courting –
Six or seven without success –
Then met a jolly maiden
And used to working hard;
With care, I thought it over,
Oh, I must win this one,
As she is used to working
And I'm a worker, too.

A short one was the courtship
Between the two of us
Before we were united
Together beneath the yoke.
Our true love firmly founded
Solid as a rock,
And this gives peace and comfort
Between a husband and his wife.

[Words to be sung to the tune Caru'r Lleuad.]

Cân o ymddiddan rhwng mab a merch

Mab:
O gwrando, feinwen lwys,
Ar eiriau dwys dy gariad,
Er fy nghysur difyr da
Ar unwaith gwna nymuniad
Sef addo dod yn rhwydd i'm rhan,
Wiw g'lomen, dan ymglymiad.

Merch:
Rhag cael fy'm denu i rwydau twyll
Gwell cymryd pwyll a gofal,
Nis gallaf roddi it' air o gred,
Dyn ydwyt, lled anwadal.
Rhag traethu geiriau'n ofer, clyw,
Mwy odiaeth yw ymadael.

Mab:
Tosturia 'nghariad, leuad lon,
Mae'r galon fach yn glwyfus;
Mae gennyt foddion don bur ras
I'm gwella os bydd gwyllys.
Am hyn rhag loes gwna wella'm clwy
Trwy siarad mwy cysurus.

Merch:
Nis gallaf goelio'th eiriau gwael
Heb i mi gael arwyddion,
Fel byddo hwy yn ffyddlon dyst
O glwyfau trist dy galon.
Nis gelli'm denu a'th dafod ffraeth,
Dy eiriau aeth yn oerion.

Mab:
Rho, Rebecca, fwyna'n fyw
I'r galon ryw ymgeledd,
Pe meddwn ar holl aur y glôb
Rhown i ti bob anrhydedd.
Ffarwel i bob cysuron maith
Ar unwaith heb dy rinwedd.

Conversation between a boy and a girl

Boy:
Listen, comely maid,
To the words of your lover,
For my pleasant comfort please
This instant do my bidding,
Come willingly and share my fate,
Sweet dove, and tied together.

Girl:
So I don't get drawn to nets deceptive
Better take care and prudence,
I can't believe a word you say,
You are a man, unsteady.
Better than speaking futile words,
It's wiser to depart.

Boy:
Take pity, love, my sweetest light,
My little heart is wounded;
You have the effective cure
To save me if you desire.
From this torment mend my pain
With words of consolation.

Girl:
I cannot trust your trifling words
Without some sign or signals,
That they will be a faithful proof
Of your heart's affliction.
You can't entice me with your wit,
Your words, they leave me frigid.

Boy:
Give, Rebecca, my sweetest love
To my heart some succour,
If I possessed all worldly gold
I'd give you every honour.
I would forsake all comforts now
This instance for your virtue.

Merch:
Bydd yn galonnog Gymro glwys,
Ddyn dwys hoff eiddlwys ffyddlon;
Rwyn penderfynu gwneud dy erch
Trwy ddedwydd serch rwyn fodlon.
Er pob gofidiau eto ddaw
Rhof it' fy llaw a nghalon.

[Cerdd o'r 1830au mae'n debyg.]

Triban i Ŵr a Syrthiodd Lawr Grisiau Tafarn y Llanofer 'rôl yfed gormod

Lle 'nafus yw Llanofer
I ddyn fo'n yfed llawer,
Fe syrthiodd William Morgan Fawr,
Ŵr salw, i lawr i'r seler!

[I John Jones, y Llanover Arms, y mae'r diolch am gopi o'r triban hwn.]

Englyn i'r Berwig

Eirianwisg penmoel addurnwallt – parod
　　Ydyw perwig ffugwallt,
　Ei dewis wna dyn diwallt
　I roi lle i arall wallt.

I Blondin

Blinder fydd canfod Blondin – hwn ar hyd
　　Y rhaff anghyffredin,
　Ei wared ni wna'r werin
　I lawr y daw, lwyr ei din!

*[Yr oedd Blondin, cerddwr y rhaff uchel, ar fin ymweld â Chaerdydd. A oedd Evan yn adleisio, hefyd, y trafod a fu yn y **Controvertersialist** am y priodoldeb o dalu arian i weld campau megis yr hyn a wneid gan Blondin. Allan o **Bridges to Harps and Millionaires**.]*

Girl:
Take heart my dear Welshman fair
Grave man of faithful ardour,
I've made my mind, you'll have your wish
In blissful love I'm willing.
In spite of sorrows yet to come
I give my heart and hand.

[Probably written in the 1830s.]

Triban to a man who fell down the steps of the Llanover Arms after drinking too much

A hurtful place Llanover
For a man who drinks excessive,
That grand old William Morgan,
Miserable man, fell down the cellar.

[Provided by John Jones, of the Llanover Arms.]

Englyn *to the Wig*

Splendid ornamental hair for the bald – and ready
    Is the false-haired peruke
    The choice of a hairless man
    To be replaced by another's hair.

For Blondin

Wearisome watching Blondin – on the length
    Of his extraordinary rope,
    The people will not save him,
    Down he'll come, on his arse!

[Blondin, the tightrope walker, was about to visit Cardiff. Evan may have been reflecting on a discussion in The **Controverter-sialist** as to whether it was appropriate to pay money to watch such exploits as those performed by Blondin. From Bridges to Harps and Millionaires.]

Deng englyn i enllibio'r Clecwyr

Adwythig rwygwyr cymdeithas – ydych,
    Glecwyr hudawl atgas,
   Sathru'r gwir yw eich diras
   Anianawd y giwdawd gas.

Holi yn y modd manylaf, – ceisio
    Cael y caswir duaf,
   Y glec, rhag eich gwneud yn glaf,
   A draethwch hyd yr eithaf.

Awyddus i gyhoeddi – ryw newydd
    Y gwneir niwed trwyddi,
   Tyna chwaeth – estynnwch hi
   Ag anwir er drygioni.

Y neb fo yn eich adnabod – yn wir,
    Os gwna'n iawn o wrthod
   Hyderu mewn dyhirod,
   Gwehilion, gwaelion di-glod.

Och! Glecwyr awdwyr direidi – er gwae
    Llawer geir yn poeni
   Mewn trallod a thylodi
   Ddydd a nos o'ch hachos chwi.

I fyd pe heb dafodau – e fyddech
    Mawr o fudd yn ddiau,
   Pla i ddyn yw'ch gwenwyn gau
   Y poenus ysgorpiynau.

Ceiriach y glec, o rhowch glo – mor onest
    Am yr hyn ddigwyddo;
   Na ddwedwch, cedwch mewn co
   Er mwyn dyn air amdano.

Englynion *libelling the gossips*

Miserable destroyers of society – are you,
    Hateful deceiving chatterers,
   Trampling truth is your graceless
   Disposition, unpleasant tribe.

Quizzing for precise detail, – seeking
    The blackest unpalatable truth,
   Gossip, for your pleasure,
   You will repeat endlessly.

Anxious to announce – news
    Which will cause some harm,
   That's your taste – adding to it
   With your lies for mischief's sake.

Whoever does know you – truly,
    If he does right refuses
   To rely on such scoundrels,
   Rabble, wretches of no renown.

Alas! Chattering authors of malice, – woefully
    Many are made to fret
   In distress and poverty
   Day and night because of you.

For a world without tongues – no doubt
    You would be of great benefit,
   A plague is your false poison
   You torturing scorpions.

Tools of chatter, place under lock – honestly
    All that comes to pass;
   Do not repeat, keep in the mind
   For our sakes, say no more.

Athrodawl eich gweithredoedd – weis gorwael,
   Ysgarwch deuluoedd,
  Does ran gwŷdiau gau ar goedd
  Hafal i'ch tan y nefoedd.

Fradwyr, enynnwyr cynhellau – a châs
   Achoswyr ymbleidiau;
  Annghymdogawl gwyliawl gau
  Anwnaidd sêl anianau.

Och! Deulu anwyd dilwydd – anhygar;
   Diwygiwch yn ebrwydd,
  Gadewch glec, daw i'ch gu lwydd
  O ystyried distawrwydd.

[Ceir y ffugenw Arch Glecwydd wrth yr englynion hyn, ac yna'r enw Evan James, Druid, Bedwellty, sy'n awgrymu iddynt gael eu hanfon i gystadleuaeth Eisteddfodol.]

Tri englyn i wraig gecrus

Gwraig gecrus, barus ei bwriad, – sarrug
   Ei chroes eiriau'n wastad;
  I'w gŵr llonyddwch nis gâd
  Ond aml ddryllio ei deimlad.

Danodiaeth, dyna ydyw – ei phrif ddawn,
   A phraw fydd drwy'r cyfryw,
  Ac adfyd ceisio cydfyw
  Â'r hon sy'n warth idd ei rhyw.

Ag felly, a digyfeillach – ydyw
   Trwy'i dadwrdd a'i cheintach,
  Ni chais byth ond achos bach
  I gwyno ac i ganach.

[Ceir y ffugenw Shencin Esmwyth wrth y rhain. Eisteddfod eto, mae'n debyg.]

Slanderous are your actions – base servants,
    Divorcers of families,
  There are no false sins that are known
  Comparable to yours.

Traitors, kindlers of quarrels – and unpleasant
    Causers of factions,
  Un-neighbourly false watchers
  A hellish seal on your genius.

Alas! Family born un-prosperous – unpleasant;
    Reform this instance,
  Forsake your chatter, you may do better
  By reflecting on silence.

[These englynion carry the pen name Arch Glecwydd (Arch Chatterer) followed by the name Evan James, Druid, Bedwellty, suggesting they were submitted to an eisteddfod.]

Englynion *to a cantankerous wife*

Quarrelsome woman, vicious of purpose, – surly
    Her cross words always;
  To her husband she gives no peace
  But often destroys his feelings.

Reproach, that is – her talent,
    Which is a great trial,
  Misery is trying to cohabit
  With one who's a disgrace to her sex.

And thus, friendless – is she
    Through her clamour and grumbles,
  She never needs but the least excuse
  To complain and lament.

[These englynion carry the pen name Shencin Esmwyth. Probably another eisteddfod entry.]

Y dyn anwadal

Gwibiog feddwl, dwl yw'r dyn – anwadal,
   Cyfnewidia'n sydyn,
  Ei fwriad, a fydd fad, na fyn
  Hyderu'n y dihyryn.

Ni ddewis ef iawn ddeall – ei hunan
   A'i ddrwg wyniau anghall,
  Ond mor ged a gweled gwall
  Yn oreu rhyw ddyn arall.

Hawdd ei droi i goledd gŵr – o'i fawr wyn,
   Cyfrinach wna'n amlwg,
  Ow! ddyn gwael, arwyddion gwg
  A welir yn ei olwg.

Y ddoe ei gynlluniawl ddydd, – heddiw hel
   Am feddyliau newydd;
  Addewid gu 'fory fydd,
  Torri honno cyn trennydd!

Oferedd yw myfyrio – meddai ef,
   Mwy o ddyn trwy beidio;
  Eiddil iawn ei feddwl o
  Nid hir fydd cyn darfyddo.

Os ef berthyna i grefydd, – ni fydd
   Hwn o fawr iawn ddefnydd;
  Ail yw i don – niwl y dydd,
  Fel hynny yn aflonydd.

[Derwydd Barfog. Ymgais Eisteddfodol arall?]

A Fickle Man

A flitting mind, foolish is – the fickle man,
*   His mind changing abruptly,*
* His intention, will be good, but don't*
* Put any trust in this knave.*

He does not choose to understand – himself
*   Nor his unwise rages,*
* But will favour finding fault*
* In what's good in another man.*

Easy to turn to indulge a man – in pain,
*   Whose secret he'll then betray,*
* Alas! Vile man, a wrathful scowl*
* Appears in his visage.*

Yesterday his day of planning, – today pursuing
*   New ideas;*
* A fine promise he'll make tomorrow,*
* Breaking that the day after.*

It is futile to study – he will say,
*   All the better for desisting;*
* Feeble of mind*
* Very soon he will perish.*

If he takes up religion – this one
*   Will not be of much use;*
* Like a wave – or the day's mist -*
* A restless one is he.*

[Pen name, Derwydd Barfog (Bearded Druid).
Another eisteddfod entry?]

Cynhadledd rhwng Sian o'r Wlad a Susan o'r Shop, o barthed eu gwisgoedd

Susan:
Dydd da fo iti, Sian o'r wlad,
O, brysia, gâd im glywed
Pe bae'n wahaniaeth i myfi
I ble rwyt ti yn myned?
Paham na wnaethost harddu'th ben –
Fath sen, mae'n codi cyfog –
Yn lle'r côn lwydlas atgas hon
Ow, hyllder bonet welltog
Nis prynwn hi (ti wyddost pam)
Er cynnig am dair dair ceiniog.

Sian:
Rwyn meddwl mynd i siop fy nai
I brynu rhai defnyddiau,
Diamau prynaf bethau prid
Daionus – nid sidanau.
Mae'm bonet fach yn ddigon glau
A'm gwisg yn gyfan hefyd.
Ni chaffai ddim o'th fonet wen
Fod ar fy mhen un funud
Pe gwnawn e fyddai hynny'n nod
Go eglur 'mod i'n goeglyd.

Susan:
E ddylai pob gwraig wisgo'n wych,
Gwael ydyw'th ddrych a gwledig,
Mae'th wisg yn ddigon da heb ble
Mewn addoer le mynyddig.
Ti ddylit wisgo'n neis i'th le
Cyn dod i'r dre bob amser,
Fel gweli fi mewn satin da
Anhafal a *thurnover*,
Rwyn trwsio'm cap 'nôl dull ein pau
A blodau lliwiau lawer.

A debate between Sian from the Country and Susan from the Shop, on the subject of dress

Susan:
Good day to you, my country Sian,
Oh, hurry, let me hear,
As if it really mattered,
Where now are you going?
Why did you not adorn your head –
Disgraceful, it is sickening –
Instead of the odious greyish cone,
Oh! So ugly a straw bonnet
I would not buy it (you will know why)
If offered for a threepence.

Sian:
I'm going to my nephew's shop
To buy a few materials,
Doubtless I'll buy some useful goods
Of value – not silks or satins.
My little bonnet it is honest
And my dress in good repair.
I would not have your neat white hat
Upon my head one minute,
If I did it would be a sign
Clearly that I'm conceited.

Susan:
Every woman should dress well,
Your appearance is poor and rustic,
Your garment's good enough for sure
In a chilly mountain dwelling.
You should dress finely for the place
If it's the town you visit,
As you see me in satin fine
Unequalled, and turnover,
I adorn my cap in the latest style
With many-coloured flowers.

Sian:

Paid ac ymffrostio yn dy wisg,
Nid yw ond plisg allanol
Sy'n rhoi rhyw beth i ddenu son
A dim fo yn dufewnol.
Mae gennyf siol o wlanen dlos
Ys gweddaidd dros fy sgwyddau,
A chap sy ddigon tew a llawn
Heb ledwith iawn ffug-flodau;
Mae'm gruddiau drwy fod yn wraig ffel
Yn swynol fel rhosynnau.

Susan:

A glywaist ti (mawr iawn yw'r sôn)
Ynghylch y gŵr sy geni?
Del sidan gwyrdd, ni chefais ddim
Oedd lanach i'm boddloni.
Mae'n llawn ac hir, ac er fy mudd
A'm cysur, cuddia'm coesau
Trwy gwrdd a'r llawr, pan gerddwyf, Sian,
Cysgoda'm glân esgidiau;
Mae'th ŵn di'n fyr (ti haeddit sen)
I lan at ben dy liniau.

Sian:

Does arnaf g'wilydd mewn un man
O'm gŵn o wlanen gynnes,
Erioed ni roddais ar fy nghefn
(Nad elwyf) ddefnydd diles;
Nis cuddia'm traed, nid ydyw laith
Trwy ofal chwaeth mewn trefydd;
Ti'n ofni i ddynion (dyna'r pwynt)
Eu gweled hwynt gan g'wilydd,
A godrau'th ŵn – wfft i ti'r hwch,
Ysgubi lwch heolydd.

Sian:

Do not brag about your garb,
It's but an outward shell
A mere subject for small talk
Regardless of what's within.
I have a shawl of lovely wool
Appropriate for my shoulders,
A cap that's large enough and full
No imitation flowers;
My cheeks from taking lots of care
Are sweet as any roses.

Susan:

Have you heard (there's been much talk)
About my noble husband?
Green silk so fine, I never had
A prettier robe to please me.
It's full and long, a benefit
And comfort, hides my legs.
Reaching the ground, while walking, Sian,
It saves my shoes so pretty;
Your gown's so short (you should be ashamed)
Your knees are hardly covered.

Sian:

I'm not ashamed in any place
 Of my gown in nice warm flannel,
I never wore upon my back
(Wherever) no cheap material;
It does not hide my feet, nor is it damp
From worrying about urban styles;
You're scared that men (that is the point)
Too shamed to show your feet,
And the bottom of your gown – you sow,
Sweeping the dusty road.

Susan:

Mi'th argyhoeddwn di yn awr
O'th golled fawr pe gallwn,
Myn ynau ysgeifn, na fydd ffôl,
A ffeisiau 'nôl y ffasiwn.
Nid profi'th bwnc wna geiriau gwawd
Ac esgus tlawd pam gwisgi
Mor llwm, pwy ddichon farnu nad
Yw Sian o'r wlad mewn tlodi.
Mae mwslin, coban, satin da
Yn lanach na gwlanennu.

Sian:

Dy wisgoedd ysgeifn, bostia di,
Mae gennyf i amgenach
Amdanaf; gallaf ddweud yn ewn
Y sythwn mewn sut sothach.
Rwyn penderfynu treulio'm byd
Mewn gwisg fo glyd os gwledig;
I'th iechyd gwnest, fel profaist lun,
Dy waethaf, un adwythig;
Aberthaist wrid er mwyn lliw calch
Ar allor balchder hyllig.

Susan:

Pa fodd anturiaist ddod o'r tŷ,
Dy sanau dy gas hynod?
Am gael eu bath does mewn un man
Un awydd gan fenywod;
Esgidiau anferth, nid croen llo,
Rhaid ydynt o groen eidion,
Ac a gyweiriwyd, baeddiwyd fwy
Eu gwaelod hwy ag hoelion,
Hwy fyddant well pe olew gaent –
I dramwy maent mor drymion.

Susan:
I would convince you straightaway
Of your great loss if possible,
Get light gowns, don't be a fool,
And petticoats of fashion.
Mocking words won't prove your point
And are no excuse for looking
So destitute, we must conclude
That country Sian is poor,
Muslin, mantle and good satin
Are much prettier than your flannel.

Sian:
Your light dresses, you may brag,
Myself I have much better
Around me; I will boldly state
I'd shiver in such rubbish.
I decided I would spend my days
In garments warm though rustic;
For your health you did, as can be seen,
Your worst, afflicted one;
The white of snow for rosy cheeks,
You forfeited for pride

Susan:
How dare you venture from your house,
Your stockings strangely odious,
For such a pair that would not be
Desired by any woman;
Mighty boots, not of calfskin,
More likely from a bullock,
And were repaired, and spoilt even more
With hobnails in their soles,
Better they'd be with lots of oil –
For walking they're so heavy.

Sian:

Mae'm sgidiau wrth y ffasiwn gynt,
Go wydion ŷnt eu gwadnau;
Tra gwisgaf hwynt, nid ofnaf ddim
Gwaith annwyd i'm gwythiennau.
Defnyddiau diles eitha prid
Bair aeth yw'th sgidiau brethyn,
Achosant leithder, cofia di,
A gyrraedd i dy gorun,
Ac o ganlyniad maes o law
Diamau daw y dwymyn.

Susan:

Mae'r amser wedi mynd ymhell,
Yn dawel gwell it ddewis,
Gan nad oes gennyf obaith per
Dy ennill er daioni.
Os aros yma'n hwy a wnaf
Ar unwaith âf i grynu,
Fy nhraed trwy sefyll ar y lôn
Sy weithian bron a sythu,
Beth os bydd treulio awr am ddim
Yn achos im i nychu?

Sian:

Anwydog wyt, mi wn paham,
Da gwedais am dy sgidiau,
Mi allwn sefyll ar laith lawr
Am ddeuddeg awr o'r gorau,
Ac os awyddus ydwyt ti
Am gyrraedd bri ac arian
Dim ond cyfnewid yn dy farn
Sy eisiau arnat, Susan,
A chadw'th gorff rhag unrhyw gur
Trwy iechyd pur diduchan.

Sian:
They were in fashion long ago,
With soles that are quite solid;
While wearing them, I'm confident
No cold my veins will enter.
Inferior tools and very dear
To cause grief, your cloth-like shoes,
Attracting dampness, don't forget,
Permeating to your crown,
And because of this in a quick time
Doubtless you'll get a fever.

Susan:
Time has gone and travelled far,
Quietly you should consider,
As I don't have the slightest chance
To attract you by persuasion.
If I stay longer in this place
My body will be shivering,
My feet through standing on this lane
By now are almost freezing,
What if talking to no avail
Should cause me some affliction?

Sian:
You have a cold, and I know why,
I warned you of your boots,
I could stand on a cold wet floor
For a whole day if need be.
And if you are so very keen
For honour and for fortune
What you must do is change your mind,
That's all you need, dear Susan,
And keep yourself from any aches
Through healthy life, not grumbling.

CERDDI GAN FRODYR IEUAN

Pan elo'i tro nesaf

Pan elo'i tro nesa i garu da Gwen
Bydd Plas Gelliwastad ar ben y Graigwen,
Bydd buwch yn troi'n geffyl a llew yn troi'n llo
Ac Ynysangharad yng ngwaelod y Fro.

Pan elo'i tro nesa i garu'r lliw rhos
Bydd haul yn tywynnu yng nghanol y nos,
Bydd mwlsyn John Murray yn gwneuthur gwaith crydd
A phentre Llangana yng Nghwm Pontypridd.

Pan elo'i tro nesa i garu'r un lân
Bydd Tâf wedi sychu a Rhondda ar dân,
Bydd pawb yn ddiffoledd a'r pab yn ddiffael,
Bydd Gwen yn y lleuad a minnau'n yr haul.

[Thomas James, sef Tomos ab Iago, brawd Evan. Ceir y gân yng nghasgliad Orpheus a anfonwyd i Eisteddfod Llangollen, 1858. Credir yn sicr, bellach, mai James James (Iago ab Ieuan), mab Evan, oedd Orpheus. Gellir tybied mai gwaith gwreiddiol Tomos oedd hon, nid cerdd a gofnododd. Gweler yr alaw ar dudalen 255.]

Ffarwel i Gymru

Ffarwel fo i hen Gymru wlad
    A'i holl breswylwyr llon,
Mae'm meddwl i ymfudo am
    Awstralia dros y don;
A phan wyf yno 'mysg yr aur
    Fy nghân fydd dod yn ôl;
Un cryf yw cariad at y ferch
    Fu neithiwr yn fy nghôl.

Feallai'r nos mewn breuddwyd â
    Fy meddwl ar ei hynt
I Gymru fwyn, ag at y ferch
    I ganol amser gynt;

POEMS BY EVAN'S BROTHERS

When I go again

When I go again a-courting with Gwen
Gelliwastad mansion will be on top of Graigwen,
A cow will be a stallion and a lion a calf
And Ynysangharad at the far end of the Vale.

When I go to see the rose coloured one
The sun will be shining at the mid of the night,
John Murray's mule a shoemaker will be
And Llangana village in Pontypridd vale.

When I go again to court the fair one
The Taff will be dry and Rhondda a-blaze,
No one will be foolish and the pope without fail
Gwen will be in the moon and I'll be in the sun.

[By Thomas James, Tomos ab Iago, Evan's brother. This poem, together with music, is in the Orpheus collection submitted to the Llangollen Eisteddfod, 1858. It is now accepted as fact that Orpheus was the pseudonym of James James (Iago ab Ieuan), Evan James's son. It is probable that this is an original poem by Thomas James.]

Farewell to Wales

Farewell to dear Wales my land
* And all its merry folk,*
My mind is set on leaving
* For Australia 'cross the sea;*
And when I'm there amongst the gold
* I'll sing of my return;*
My love is strong for that girl
* Last night was in my arms.*

Perhaps in the night and in my dreams
* My thoughts will swiftly fly*
To gentle Wales, and to the girl
* Back in the former times,*

Ond gan mae'r pwnc yw mynd yr aur
  Ffarwel am ennyd fach,
Cyn hir mi ddeuaf eto'n ôl
  Os byddaf byw ac iach.

Nid 'herwydd trosedd yn fy ngwlad,
  Nac unrhyw anfad waith,
Y cefnais ar gyfeillion mad
  I fynd dros foroedd llaith,
Ond awydd cryf am feddu'r aur
  Sydd yn Awstralia bell,
Os llwyddo wnaf, mai hynny bair
  Im' fod yn llawer gwell.

[Tomos ab Iago. Hon eto o gasgliad Orpheus.]

Cân yr Ysgol Sabothol
(Tôn: Yr Hen Amser Gynt)

Yr ysgol fwyn Sabothol sydd
Ar gynnydd yn ein gwlad;
Gwna feithrin dysg a gloywi'n dawn,
Mae ynddi iawn lesâd.

  Byrdwn:

  Gall pawb yn rhwydd gael addysg rhad
  Fydd er gwellhad yn llon
  Trwy ddysgu'r Gair heb unrhyw goll
  O, tynnwch oll at hon.

Yr ysgol sydd ar gadarn sail,
Pa beth sydd ail i hon
I ddwyn gwybodaeth dda i'r byd?
Rhown arni'r byd o'r bron.

  Byrdwn:

But what matters is the gold
  Farewell for a short time,
Before long I will return
  If I'm alive and well.

Not for a crime in my home land
  Nor any heinous act,
I turned my back on my good friends
  To go across the seas.
But a desire for the gold
  That's in Australia far,
If I succeed, then that is why
  A better man I'll be.

[Thomas James. Also from the Orpheus collection.]

Song of the Sunday School
(Tune: Yr Hen Amser Gynt)

The gentle Sunday school is now
Prospering in our land;
Nurturing learning, gives talent shine,
And many benefits.

  Refrain:

  For all an education cheap
  That will improve us all,
  Learning the Word will be no loss,
  Draw closer to it now.

This school is on a solid base
Can it be second to none
For bringing knowledge to us all?
May it support the world.

  Refrain:

Y gwir athrawon sydd yn hon
Yw'r dynion gorau'i dawn;
I ddysgu'r gwan pa foddion gwell?
Mae hon â'i chell yn llawn.

    Byrdwn:

Ei rhinwedd hoff a wna harhau
I ddangos bai lle bydd
I'r rhai a fegir yn ei chôl
A'u dwyn i olau'r dydd.

    Byrdwn:

Gwna reol euraidd hon o hyd
I ddynion gyd ymddwyn,
Mae gwir frawdgarwch pur a hedd
Tu mewn ei gorsedd fwyn.

    Byrdwn:

Wrth weld ei llwyddiant a gwellhad
Wnaeth ar ein gwlad o'r bron
Bu rhai seneddwyr drwg eu bryd
Yn dynn am fywyd hon.

    Byrdwn:

Fe gododd hon genadau hedd
Yn rhyfedd at y gwaith,
I iawn drosglwyddo Gair ein Iôr
Tu draw i'r moroedd maith.

    Byrdwn:

[Tomos ab Iago. Llawsygrifau Ieuan ab Iago, Ll.G.C. Mae'n debygol mai cyfeiriad at Frad y Llyfrau Gleision sydd yn y pennill olaf ond un.]

The true instructors they exist
The best that can be found,
To teach the weak what better way?
Its room is very full.

   Refrain:

Its gentle virtues will go on
To show where faults do lie
To those nurtured in its breast
And lead them to the light.

   Refrain:

Its golden rule will at all times
Lead men to live in peace,
True brotherly love will now exist
Upon its kindly throne.

   Refrain:

Watching the prosperity and success
It brought to our land
Caused parliamentarians of ill mind
To desire its demise.

   Refrain:

It produced missionaries of peace
Remarkably for the work
Of conveying the Word of God
Beyond the vast wide seas.

   Refrain:

[Thomas James. Evan James's Manuscripts, N. L. W. The last verse but one is probably a reference to the Treason of the Blue Books.]

Tribannau Morgannwg

Dau beth sy' Nghwm Gwybedog
Nad yw yn Sir Frycheiniog,
Dyn yn cruiso ar Nant Cwmgwrach
A deryn bach yn dorog

Mi welais beth fy hunan
Na welws neb yn unman,
Buwch yn siarad yng Nghwmgwrach
Ac ebol bach yn wiban.

Tri pheth sy'n drewi'n aflan
Bascetaid fawr o scatan,
Gweflau ci sy'n drewi'n drwm
A bochau Twm Coed Bychan.

*[Ceir yr enw Dewi ab Iago, wrth hon. Gallwn fod bron yn gwbl
sicr mai David James, un arall o frodyr Evan, biau'r geiriau. Eto
o gasgliad Orpheus. Gweler yr alaw ar dudalen 256.]*

Glamorgan Tribannau

Two things in Cwm Gwybedog
Not found in Brecon county,
A man cruising on Cwmgwrach stream
And a little bird that's pregnant.

I saw two things myself
That no one yet has seen,
A cow conversing in Cwmgwrach
And a little foal a-whistling.

Three things that are foul smelling
A basket full of herrings,
A dog's lips with stinking breath
And the cheeks of Twm Coed Bychan.

[Dewi ab Iago, or David James, another of Evan James's
brothers. From the Orpheus collection.]

Iaith y Convention

Gan fod enw byd o chwith
We'll try to have it right
Boed undeb yn ein plith
To work with all our might.
Dangoswn fod yn gas
For tyranny to dwell
Fod pob rhyw dra's yn groes i'r blâs
That virtue doth expel.

Mae'r rhinwedd ar ein rhan
If union will abide,
'Dyw iaith na gwaith ond gwan
If reason will not guide,
Pwy ddyn dirym â gwres
Will suffer tyrant's yoke?
Gwna ddifa rhes o'r rhain er lles
By striving in one stroke.

Dwed rhain ein bod yn rhydd –
In fetters we are found,
Trwy drais ers llawer dydd
By Whigs and Tories bound;
Rhown wybod nad y dall
As they would wish us be,
Os ydym gall, dangoswn ball
To suffer what we see.

Ai ni sy'n cynnal byd
For cormorants to feed,
A ni sy'n llawn o hyd
We slaves they never heed.
Ai ni sydd dan ein nam
And they not sparing spurs
Dangoswn pam na syflwn gam
To carry host of curs.

*[Dewi ap Iago, Argoed. Llawsygrifau Ieuan ab Iago, Ll.G.C.
Ychydig hwyl am ddwyieithrwydd mewn cyfarfodydd?]*

The Language of the Convention

The name of the world has been reversed,
We'll try to have it right
Let there be unity in our midst
To work with all our might.
Let's show that it is odious
For tyranny to dwell
That all oppression's in bad taste
That virtue doth expel.

That virtue's on our side
If union will abide,
Language and work are weak
If reason will not guide,
What powerless man of zeal
Will suffer tyrant's yoke?
He'll destroy a rank of these
By striving in one stroke.

These claim that we are free –
In fetters we are found,
By force for many a day
By Whigs and Tories bound;
Be it known it's not the blind
As they would wish us be,
If we are wise, let us show sense
To suffer what we see.

If we uphold a world
For cormorants to feed,
And we are full so far
We slaves they never heed.
Is it we who are at fault
And they not sparing spurs
We'll show why we wont stir one step
To carry host of curs.

[Dewi ap Iago, or David James, Argoed. Evan James's Manuscripts, N.L.W. Is this a satirical poem on bilingualism and efforts to conduct meetings in both languages?]

CERDDI I EVAN

Croesawgerdd i Evan James ar ei ddyfodiad i Bont-y-pridd

Hawddamor fad ddedwyddawl ddydd
Y deuaist, Ieuan, fywlon fardd,
Ab Iago i drigo'm Mhontypridd;
Am hyn o'i mewn llawenydd dardd.
Ha, Ieuan, clyw'r gorhoion clau
Adleision o'n llawenydd ni
A draidd yn awr trwy gyrrau'm pau
I roesaw dy ddyfodiad di.

Adeiniog gôr y goedwig gawn
Yn dawnsio ar ganghennau'r gwŷdd
I gyd mewn nwyfiant lloniant llawn
O amgylch ardal Pontypridd,
A thyner gainc eu cydgerdd fwyn
Adseinia'n bêr lawenawl wi
O frig y cysegredig lwyn
I roesaw dy ddyfodiad di.

Cei hefyd aml olygfa fau
Wrth rodio ar brynhawniau braf,
Peiriannau tân yn gyrru'n glau
A'r bwa mawr uwch crychau Taf;
A phan esgynu ael y bryn
I'r dwyrain – yno mae'r Maen Chwŷf,
Wrth syllu arno, diau'n llyn
Adfywia dy awenal nwyf.

Dan nawdd a chysgod adain glyd
Rhagluniaeth, caffot yma fyw
Heb gwrdd a chroes awelon byd
Na chwaith drallodion o un rhyw,
Ac oesi yma, annwyl frawd,
A wnelot efo'th deulu cu
Mewn llwyddiant ffyniant pur a ffawd
Nes hunot yn yr angau du.

[gan Eos y Dyffryn]

POEMS WRITTEN TO EVAN JAMES

A poem welcoming Evan James on his arrival in Pontypridd

Greetings, fine and blissful day
When Ieuan, lively bard,
Ab Iago, came to Pontypridd –
For this within me joy eternal springs.
Ha, Ieuan, hear the swift vivacity
Echoes of the great rejoicing
Permeating now throughout our land
To welcome your arrival.

The feathered choir of the forest
Are dancing on the boughs
All in vivacious joy
Around Pontypridd,
The gentle strain of their sweet harmony
Echo their delight
From the summit of the holy bush
To welcome your arrival.

You will enjoy such pleasant sights
While strolling on fine afternoons,
Engines of fire swiftly drive
And the great bow o'er the Taff;
And when you ascend the hill's brow
To the east – the Rocking Stone,
While gazing at it, it freely will
Revive the vigour of your muse.

Under the shadow of the wing
Of providence may you live
Never to suffer the crosswinds of this world
Nor afflictions of any kind,
And to live here, dear brother,
With your fond family
Successful and prosperous be your fate
Until you rest in death's dark sleep.

[By Eos y Dyffryn, one of the Pontypridd poets.]

233

Croesawgerdd i Mr Evan James i ddyfod i fyw i Bont-y-pridd

(i'w chanu ar dôn Pen-y-mynydd)

Daeth Ieuan brifardd tirion
Atom ni, atom ni,
Ap Iago, croesaw calon
Gennym ni.
Ni unwn wedi'th dderbyn
Yn llon mewn cân ag englyn
Ar deilwng geinciau'th delyn
Canwn ni, canwn ni
A gwir lawenydd ennyn
Ynom ni.

Collasom ein athraw-wr,
Do yn wir, Do yn wir,
Ein Gwilym oedd fugeiliwr,
Cofiant hir.
Hyfforddwr bardd ac ofydd
A chyngor yr areithydd
Wrth gofio'r oriau dedwydd
Mae yn wir, mae yn wir,
Ryw boen yn aros beunydd
Oes yn wir.

Ond er y golled helaeth
Gawsom ni, gawsom ni
Ar risiau'r awenyddiaeth
Gawsom ni,
Mae'r huan yn pelydru
Ac anian beirdd yn gwenu,
Ni gawn ein amgeleddu
Gyda bri, gyda bri
Dan adain bardd tiriongu
Canwn ni.

A song welcoming Mr Evan James on coming to live in Pont-y-pridd
(to be sung to the tune Pen-y-mynydd)

Ieuan gracious poet
Came to us, came to us,
Ap Iago, hearfelt welcome
From us all.
We'll join that you're now here
In merry songs and poems
To your harp's worthy music
We shall sing, we shall sing,
And kindling true rejoicing
In us all.

We lost our former tutor,
A sad day, a sad day,
Gwilym our shepherd,
Fond memory.
Tutor of bard and ovate
Advisor of orators,
While recalling blissful hours
There is indeed, there is indeed,
Some pain that's still remaining,
There is indeed.

But despite our great loss
That we had, that we had,
On the steps of Parnassus
That we had,
The sun is now a-shining
And the poet's genius smiling,
Now we shall be cherished
In esteem, in esteem
Under the wing of a gracious poet
We shall sing.

Eu gedyrn ymadroddion
Oll i gyd, oll i gyd,
Sydd fal y mêl i'r galon
Ar bob pryd;
Huodledd araithyddiaeth
A'i gyflym feddwl helaeth
A swyn ei dêr farddoniaeth
Gwyn ei fyd, gwyn ei fyd,
A thlysni ei ddirnadaeth
Ddillyn pryd.

Yn awr mae pob gobeithion
Gwelir dydd, gwelir dydd
Enwocach ar ein defion,
Gwawr y sydd;
Y maen a gadd ei barchu
Gynt gan enwogion Cymru
A'n heisteddfodau'n gwenu
Llawen fydd, llawen fydd
N'ôl inni ail-ymglymu
Â'r awen rydd.

Y bardd sydd mewn llawenydd
O weld y dydd, gweld y dydd,
Y traethwr a'r areithydd,
Felly fydd,
Y daeth yr hawddgar Gymro
A gwaed twymgarol trwyddo
I lan hen Rhondda i drigo,
Coron sydd, coron sydd,
Mae'r dawel fro'n blodeuo'r
Gaeaf prudd.

Yr hen gymdogaeth druan
Sydd yn awr, sydd yn awr
Â'i chŵyn o wraidd ei chalon
Oll yn awr;
Trwy golli'th gwmni hoffus
Oedd enwog a diddanus

His powerful expressions
They are all, they are all,
To the heart as sweet as honey
At all times;
Eloquent orator
His mind swift and abundant
And the charm of his pure verses
Blessed man, blessed man,
And the beauty of his discernment
Of refined form.

Now we can all be hopeful
We'll see the day, see the day
Of greater eminence for our customs,
The dawn has come;
The stone was once respected
By celebrated Welshmen
And eisteddfodau smiling
We'll rejoice, we'll rejoice
Now that we have reconnected
With the muse

The poet is ecstatic
To see the day, see the day,
The speaker and orator,
All likewise,
That the kindly Welshman
With warm blood coursing through him
Has come to the banks of Rhondda,
That is a crown, that is a crown,
The quiet country flowering
Winter's gone.

Your former neighbourhood
It is now, it is now
In heartfelt lamentation
All by now;
The loss of your company
Cheerful and diverting

Gwên pob cyfeillach serchus
Oedd dy wawr, oedd dy wawr
A thân gwladgarwch gweddus
Lawer awr.

Yr oedd yn golled chwerw
I ti ddod, i ti ddod
O Went lle'r oedd dy enw
'N uchel glod,
Cai annerch hen gymdeithion
Oedd annwyl gan dy galon
O fôr dy gathlau ceinion
Sydd yn bod, sydd yn bod
A ffynnon bur rhagorion
Barddawl nod.

E ddaeth y gaeaf rhywiog,
Cwyno'r wyf, cwyno'r wyf,
Ar draws cymdeithas enwog
Y Maen Chwŷf;
Ond dano e ddaeth bywyd
Y cymdeithasau hyfryd
Goleuant ddysg rhagorfryd
Yn ddiglwyf, yn ddiglwyf
A phur wybodaeth hefyd,
Wir ei nwyf.

Yr enwog brifardd serchus
Yma fa, yma fa
A'i deulu mwy'n gysurus
Yma fa;
Yn cael mwynderau bywyd
Dan nawdd rhagluniaeth hyfryd
Ac aros hyd eu gweryd
Yma fo, ymo fo
Heb unrhyw wyntoedd croesion,
Yma fo.

[gan Josi'r Pedlar. Nodir Pen-y-mynydd fel alaw ar gyfer y geiriau hyn. Credir mai alaw yn perthyn i ddosbarth a alawon **Mentra Gwen** *yw hi. Gweler tudalen 257.]*

The smile of every friendship
You were the dawn, you were the dawn
And the spark of proper patriotism
For many an hour.

It was a bitter loss
For you to come, for you to come
From Gwent where your name
Was in high esteem,
Addressing old companions
To your heart's contentment
From your store of lovely poems
Which exist, which exist
And your pure fount of brilliance
Distinctive verse.

We had the kindly winter,
My lament, my lament,
Across the noted company
Of the Rocking Stone,
But life rejuvenated
In fellowship so pleasant
Illuminating learning
In good health, in good health,
And pure knowledge also
In true spirit.

The kindly famous poet
Is here now, here now,
And his family now in comfort
Here now;
Enjoying life's good pleasures
Under the kind wing of providence
To stay until they're buried
He will be, he will be,
Untouched by any crosswinds
He will be.

[By Josi'r Pedlar, another local poet.]

Englynion er cof am Ieuan

Bardd hygamp, obry ddygwyd – hardd oeswr
    Urddasol ei gwelwyd,
  Gallu defnyddiol gollwyd,
  Arwydd o gur i'w rudd gwyd.

Un didwyll ei fyfyrdodau – ydoedd,
    Weawdwr llinellau
  Gynhesant eigion oesau
  Olynol ein barddol bau.

Wrth ei gofio hiraeth gyfyd – ynwyf;
    Mwy huna o'i flinfyd.
  Ni ŵyr y byw fawr ba hyd,
  Daear bïau drai bywyd.

Un oer sy'n alarus inni – yw'r bedd,
    Ar bawb mae'n ymborthi;
  O fedd, ba bryd darfyddi?
  A luniwyd awr dy lanw di?

Ein hegwan I. ap Iago – a ddygaist
    Yn ddiogel eto,
  I'th weryd bu'n maith wyro,
  Heb wellhad, i'w babell o.

Y mynwesol gymwynaswr – a theg
    A thwym gymdeithaswr,
  Diddichell, da heddychwr,
  Gorau gaed rhwng gŵr a gŵr.

Mwy torrwyd y materol – a'i daliodd
    Wrth ei deulu'n unol,
  A ffwrdd aeth, a phrudd o'i ôl
  Yw tŷ y weddw gystuddiol.

Ni ollyngwyd i wyll angau – well dyn
    Drwy i holl daith yn ddiau;
  Ein beirdd oll sy'n ymbruddhau – golli'r gŵr
  A fu yn awdwr Hen Wlad fy Nhadau.

[gan ap Myfyr, Pontypridd]

Englynion *in memory of Ieuan*

Confident excellent poet was taken – from graceful
    Life, dignified to see,
  A substantial talent lost,
  The mark of pain in his grey cheeks.

Sincere in contemplation – he was,
    Weaver of lines
  Which will warm the depths of future
  Ages in our bardic land.

His memory inspires longing – in me;
    Now he sleeps from tribulations.
  We know not how long we'll live,
  Earth is the ebb of life.

Cold and mournful for us – is the grave,
    On all it is feeding;
  Oh grave, when will you cease?
  Is there a time when you are sated?

Our weakening I. ap Iago – you took
    To your safety also,
  Towards your earth long was he inclined,
  Without mending, to his abode.

Bosom friend, benefactor – and fair
    And warm associate,
  Without malice, a good pacifist,
  Ever the best between two men.

Now is broken the matter – that held him
    At one with his family;
  He has gone, and sadness reigns
  In the home of the afflicted widow.

Never was released into death's twilight – a better man
    In his whole life;
  Our poets are saddened – at the loss of he
  Who was the author of Hen Wlad Fy Nhadau.

[By ap Myfyr, namely John Davies, Pontypridd, son of the Arch-druid Myfyr Morganwg]

Bedd argraff Ieuan

Yn y bedd isod mae un bydd oesau
'N uchel ganmawl ei haeddiannawl ddoniau,
Fel awenydd ac un o filiynau,
Ein Ieuan ydoedd, a'i fyw syniadau;
Unig-anedig yn ei ganiadau
Enaid-lwythog, a chan genhedlaethau
E gludir 'n eu treigliadau – glod y gŵr
A fu yn awdwr Hen Wlad Fy Nhadau.

[gan Ap Myfyr, sef John Davies, mab Myfyr Morganwg. Mae'r hir a thoddaid hwn ar garreg fedd Evan James ym Mharc Ynysangharad, Pontypridd]

Darn o awdl fer i dri bardd fu farw o fewn wythnosau i'w gilydd, yr olaf ohonynt oedd Ieuan ab Iago

Yntau wych awdwr 'Hen Wlad fy Nhadau',
Aeth o'r fawr ing dros ddieithr fôr angau,
I 'rorau llonydd ar arall lannau,
Nad edwyn cur, na phoen, na gwendidau;
Ond, Ow! mae hiraeth yn gwneud i'm horiau
I fynd i waered yn ddifwynderau,
Am un a garwn mewn mwy na geiriau;
Ei fynwes gynnes, a'i rywiog wenau,
Ei hedd-gwbl anian, a'i ddigabl enau,
Ei fwyn wedd hynaws, a'i aml fân-ddoniau,
Wnai awdwr y caniadau – a genir
Drwy ein brodir yn daranau brydiau,
Yn annwyl iawn i ninnau; – cysylltir
Ei enw yn hir â'r wên orau.

Hir, hir y cenir canig – obeithiol
    'Y Bwthyn Mynyddig';
    Dro, 'Hen Wlad fy Nhadau' drig – ymhob cwr,
    Gyda ei hawdwr yn fendigedig.

[Dewi Wyn o Essyllt o Tarian y Gweithiwr, Hydref 25, 1878.]

Ieuan's Epitaph

In the grave below is one for whom generations
Will give praise for his meritorious talents,
As a man of the muse and one in a million,
He was our IEUAN with his lively ideas
Unique in his songs
Which are heavy of soul, and by generations
Shall be borne in their meanderings – praise for the man
Who was the author of Hen Wlad Fy Nhadau.

[Also by ap Myfyr. This poem is on Evan James's grave in Ynysangharad Park, Pontypridd. This is a hir-a-thoddaid, an eight line stanza in cynghanedd, each line consisting of 10 syllables.]

Extract from a short ode to three poets who died within weeks of each other, the last of whom was Evan James

And he fine author of 'Hen Wlad fy Nhadau',
Went from the great pain over death's foreign sea,
To the peaceful confines of other shores,
Where are not known aches, nor pain, nor frailties;
But, Oh! The grieving makes the hours
Go by without pleasure,
For one I loved beyond all words;
His warm bosom, and kindly smiles,
His peaceful nature and blameless speech,
His courteous conduct, and many talents,
Makes the author of the songs – sung
Through our land with thunderous ardour,
And dear to us – his name
Will long be associated with his fair smile.

Long will be sung that optimistic – song
    'Y Bwthyn Mynyddig'*;
  Long will 'Hen Wlad fy Nhadau' live – everwhere,
  With the name of its author in all its glory.

[By Dewi Wyn o Essyllt, from Tarian y Gweithiwr, October 25, 1878.
* This is probably a reference to the poem O Rhowch i Mi Fwth, p. 76.]

Glan Rhondda

Geiriau: Ieuan ab Iago

Alaw gan Iago ab Ieuan

Vivace

Mae hen wlad fy nha dau yn ann wyl i mi, Gwladbeirdd a chan-tor-ion en -wog-ion o fri, Ei

gw-rol ry-fel wyr Gwlad gar wyr tra mad Dros rhydd id coll -a santeu gwaed.

Soprano — Gwlad___ Gwlad___ plei - diol wyf i'm gwlad. Tra môr yn fur i'r bur hoff bau, O

Alto

Tenor

Bass

bydded i'r hen iaith bar hau.

Y Derwydd

Geiriau: Ieuan ab Iago

Alaw: Ar Fore Teg

Ar fo—re teg tan ael y bryn Can—fy—ddais dder-wydd bar—fog syn Yn

tre—mio'n a—thrist tu—a'r glyn; An tur—iais o—fyn i—ddaw:___ "O Dderwydd gys—eg

red—ig wedd A bar—cha'r gwir, a fei—thrin hedd, Ar fon—cyff crin pam gwnei dy sedd Mewn

prudd un—i—gedd di-staw?"

O Rhowch i Mi Fwth

Geiriau: Ieuan ab Iago

Alaw gan Alaw Ddu

thel - yn neu grwth; Yn rhyw - le yng Nghym - ru fy - ny - ddig.

Tribannau Morgannwg

Geiriau: Dewi ab Iago

Alaw o gasgliad Orpheus

Dau beth sy' Nghwm - Gwyb - ed - og Rai - tal - lwr - af rai - tal - lwr - al rai Nad

yw yn Sir Frych - ein - iog, Rai - tal - lwr - al Rai - tal - lwr - al rai Dyn yn criw - so ar

Nant Cwm gwrach, Rai tal lwr al rai tal lwr al rai A de - ryn bach yn do - rog

Rai tal lwr al rai tal lwr al rai

Alawon

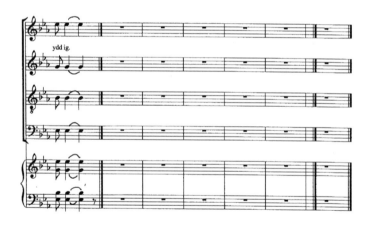

248

Trewch y tant

Geiriau: Ieuan ab Iago

Mwynwen Gwynedd
Trefniant: Joseph Parry

Y Wawr

Geiriau: Ieuan ab Iago

Alaw o gasgliad Orpheus

O -riau'r ty -wyll-wch yn awr aeth-ant hei - bio, E da - rfu caeth -iw- ed, cawn we -led y wawr, Ac

o mor ddy - mu -nol ei gwawl i'n go -leu - o O barth-au'r dwy -rein -fyd cyn cy - fyd e'n awr, Ym

ddeng-ys ar -dder-chog aml liw -iog gy - my - lau Yn a -gor drwy'r en -trych a'u llew -yrch er llwydd. Y

sêr a add - ur -nent y nen uwch ein pen -nau Ger bron eu go -gon -iant Ym gudd iant o'n gŵydd

Ymweliad offeiriad

Geiriau: Ieuan ab Iago   *Alaw: Yn Esgob o'r Gwladwr*

Aeth hen offeir iad duwiol rhyw dro i o fyn hynt Hen Lowr i dlawd gy studd iol o

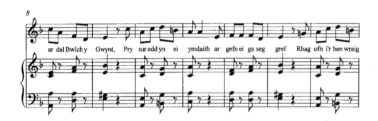

ar dal Bwlch y Gwynt, Pry sur odd yn ei ymdaith ar gefn ei ga seg gref Rhag ofn i'r hen wraig

fa rw cyn cael ei fen dith ef.

Y Drive

Geiriau: Ieuan ab Iago

Alaw: Billy O'Rourke

Rhai rhyf-edd iawn sy yn y Mount Wrth bob acc-ount am - dan - ynt, Mi

fûm yn nhŷ Wil Mor-gan Sam yn ho—li am eu hel — ynt. Ar ryw ddiwr-nod ar fy ngair E

wel-wyd tair gwraig wiw — lon Yn mynd mewn trap mewn modd di-nam A'u cynn—ig am Gwm

Cy non, Wrth gwrs roedd gan ddynt dri-ver braf Sef Dan y Nav — i — ga — tion."

Caru'r Lleuad

Geiriau: Ieuan ab Iago   *Alaw gan Owain Alaw*

oedd -wn yn fab ieu –anc mi es i ga –ru merch   Nis gwy –ddwn i bryd

hyn– ny   Pa fodd i drae –thu'm serch.   Yr oedd hi'n rhy siar-

Pan elo'i tro nesa

Geiriau: Tomos ab Iago   *Alaw o gasgliad Orpheus*

Croesawgerdd

Geiriau: Josi'r Pedler   *Alaw: Mentra Gwen*

Daeth Ieu — an brif ardd ti-rion a - tom ni, a — tom ni, Ap

Ia — go, croe-saw ca-lon gen-nym ni. Ni un — wn we-di'th dder-byn Yn

llon mewn cân ac eng-lyn, Ar dei — lwng gein-ciau'th de-lyn ca — nwn

ni ca — nwn ni A gwir law-en —ydd en-nyn yn — om ni.